영국학교 시민교육

영국학교 시민교육

개정판 1쇄 발행   2022년 11월 10일
초 판 1쇄 발행   2002년 5월 5일

지은이   김헌숙
펴낸이   김헌숙
디자인   조하늬

펴낸곳   도서출판 가치같이책
등 록   2022년 9월 22일 제 2022-000189 호
주 소   (06767) 서울시 서초구 양재대로2길 109. 105-1602
전 화   02-873-9171
팩 스   02-6305-2170
이메일   valuebooks22@gmail.com

ISBN   979-11-980328-3-6(03370)

책값은 뒤표지에 있습니다.
잘못된 책은 바꾸어 드립니다.

영국학교 시민교육

김헌숙 지음

가치같이책

차 례

머리말 2022, 2002

1 영국 생활 10년   12
공부 잘 가르치면 좋은 학교?/ 선한 사회는 교육을 통하여

2 학습의 줏대   23
공부는 학교에서 하는 것/ 목적 있는 학습

3 고단백저칼로리 학습   30
살아있는 학습/ 모든 공부가 창의적, 논술적
'책 만들기'와 '주제공부'는 전공 필수

4 상과 벌   54
갖가지 덕목을 추켜 세워주는 상/ 가장 중요한 덕목/ 노티 노티

5 평가   69
성숙한 사람/ 일관성 있는 사람/ 학습 보고서가 말하는 것
'센서블'이 최고

6 위대한 시민들   84
선생님은 일급 시민/ 훌륭한 선생님들/ 고되고 어려운 교직

7 친구들   98
친구 사귀기/ 생일 파티/ 스텝 스텝

8 활동 학습(1)   109
학교는 즐거운 곳/ 다양한 활동은 삶을 풍요롭게/ 운동도 마음껏

9 활동 학습(2)   117
재미 쏠쏠한 학교 잔치, 심심한 운동회/ 채리티는 일상
여행과 단체 훈련/ 말하기, 듣기

10 실력파 섬김이 엘리트   133
계급과 고급 학교/ 그래도 교육의 기회는 공평
엘리트주의, 실력주의/ 학벌주의, 학연주의는 낯선 말

11 존귀한 사람   147
특별한 엄마와 아기/ 장애인의 가능성도 무한
느긋한 영국 사람도 돕는 데는 민첩/ 여왕의 손자도 똑같이

12 미들클래스 오블리제   159
400년 된 복지제도/ 복지제도가 교육 과열을 막는다
파터날리즘/ 미들클래스의 도덕성/ 조상 덕에 태평

13 입시 낙원   172
입시 낙원의 토대는 참된 평등성/ 필수 시험과 성적 처리
입시와 과외/ 결국 제 하기 나름/ 진학 시험은 선택일 뿐

14 그래머스쿨 생활   192
차원이 다른 학교/ 숙제가 많을수록 좋은 학교
그야말로 자율주의

부록 209

머리말 2022

이 책을 개정 편집하는 사이에 여왕이 돌아가셨다. 영국에 관한 한, 엘리자베스 여왕은 한 시대를 상징하는 인물이 될 수 있겠다. 유럽 연합의 태동기에 재위하기 시작해서 브렉시트 현장까지 왔으니 말이다. 국민의 감성을 고스란히 담아내는 그런 지도자를 영국이 또 가질 수 있을지 모르겠다.

2002년, 여왕의 생전에 출판한 이 책을 20년이 지나고서 다시 고쳐 낸다. 그때 학위논문을 쓰는 도중이었음에도 10년간 살고 본 영국 사람과 교육에 대한 생각 보따리가 가득 차서 풀어놓아야 했다. 부리나케 쓴 원고를 책으로 만들어주셨던 '땅에쓰신글씨' 출판사에 지금 더 고마운 마음이다.

시간이 적지 않게 지났지만, 잡풀 같은 문장들을 지우고 다듬었을 뿐 책 내용은 그대로다. 20년의 시차에 현장감은 조금 덜 할 수 있겠으나, 교육은 국민성을 오롯이 담고 있기에 한 세대 이내에는 큰 변화가 없었을 것이다. 그 사이 한국 교육이 좀체 바뀌지 않은 것처럼. 그래도 이 학교 이야기를 통해 영국 사회와 교육을 접하면, 사람 사는 것이 엇비슷해 보여도 딴 세상이 있음을 실감할 수 있으리라 여긴다. 그 다름이 자유와 공의를 함께 품고

있는 것이라면 잘 들여다봄직도 하겠다.

　책을 다듬는 중에, 우리는 유효기간이 한참 지난 질 낮은 교육에 스스로 갇혀있다는 생각이 한껏 밀려들었다. 그리고 동시에 그 동안 우리 아이들은 고품질 교육을 받아들이는 쪽으로 다가서고 있다는 느낌도 있었다. 지난 세대는 하드웨어적 자유를 구했었고, 이제는 소프트웨어적 자유를 원한다. 아이들에게서 그것이 읽힌다.

　언제나 그렇듯, 온전하게 도우시는 분과 가족의 배려가 있어서 처음 책 만드는 일을 끝까지 할 수 있었다. 감사를 다 헤아리지도 못한다.

2022년 10월
양재천 곁에서

머리말 2002

　한 나라의 교육을 보면 그 국민의 정신문화를 읽을 수 있다. 교육의 내용과 방식을 관찰해 보면, 무엇 때문에 자녀를 교육시키는지 그리고 교육을 통해서 어떤 인간을 키우려고 하는지 알게 된다. 교육이야말로 국민 일반이 기대하는 인간상과 사회상 곧 가치관을 품고 있기 때문이다. 영국의 교육은 영국인의 정신과 삶의 태도를, 한국의 교육은 한국인이 진정 바라는 것이 무엇인지를 보여 준다. 결국 교육은 한 국민의 정신적, 도덕적 상태, 나아가서 문화 수준을 재어볼 수 있게 한다.
　영국의 교육제도 속에 영국민의 가치와 국민성이 녹아있다는 이 당연한 사실을 필자는 몇 개의 영국 학교를 경험하면서 그리고 산업혁명 이후의 영국 역사를 탐색하면서 선명하게 깨닫게 되었다. 그래서 오늘 우리 교육의 실상을 더 정확히 판별하려면 '교육제도가 잘못된 탓'이라는 단순한 진단을 뛰어넘어야 한다.
　영국의 교육제도가 이상적이라는 뜻에서 책을 쓰는 것은 아니다. 우리 교육의 모순을 들추려는 의도 또한 아니다. 다만 더 나아 보이는 영국의 교육이 우리 것과 어떻게, 왜 다른지 자세히 알면 우리 교육의 향방을 가늠하는 데 도움이 되리라 여긴다. 교

육이라는 창을 통해 영국 사회를 들여다보면, 우리 사회와 교육을 더욱 객관적으로 판단하는 데 도움이 될 것이다.

비교적 선하고 올바른 영국 교육의 정신과 지향에 주목하지 않고 교육의 행태에만 관심하면, 마치 멋진 마차가 잘 달리는 것이 근사한 객차 때문이라고 착각하는 결과에 이를 수 있다. 객차 바퀴도 튼튼해야 하고 좋은 말과 능숙한 마부가 있어야 순조로울 것이다. 바꾸어서, 영국 사람이 한국 교육에 대해 궁금해 할 때 우리 교육의 실태를 일목요연하게 정리해 주면 과연 다 알아 들을까. 아마도 의문투성이일 게다. 무척 달라서 혼돈스러워 할 것 같다. 그들로서는 상상 밖으로 우리나라 사람이 학벌의 성취에 얽매이게 된 몇 백 년 묵은 이유와 20세기에 겪은 악전고투, 그런 과정을 거치며 형성된 가치관을 길게 설명하고 나면 그나마 고개를 끄덕일는지.

마찬가지로, 우리가 소위 선진국의 교육 이모저모를 듣거나 더러 현장을 보아서 그것을 웬만큼 아는 줄 여기지만, 사실 교육의 정신과 제도 사이의 밀접성에 대해 얼마나 착념하는지 모르겠다. 가령, 그들이 창의력과 상상력을 가장 중요하게 여기는 줄은

알지만, 과연 그 실제가 어떠한지 제대로 인식하고 있을까. 아이 하나하나의 개성, 즉 고유한 성향과 자질을 왜 그토록 존중하는지 실감할 수 있을까. 인간과 사회에 대해 품고 있는 그들의 생각과 정서를 들여다 보지 않으면 쉬이 알기 어려운 부분이다.

결국 우리 교육이 북서 유럽이나 북미와 많이 다른 것은, 사람과 생명을 귀하게 여기는 정도가 다르고 따라서 사회를 떠받치고 있는 정신과 가치가 다르기 때문이라고 본다. 미리 말하자면, 영국 교육을 바르게 이해하는 관건은 '성숙하고 책임감 있는 선량한 시민'을 양육함이 교육의 초점이라는 사실을 잊지 않는 것이다. 그리고 그 '성숙한 사람'이라는 이상이 단순히 이론이거나 표어가 아니라 실제로 매일 학교생활에서 구현되고 있다고 강조해야겠다.

필자는 이 책에서 영국의 일상적인 학교생활을 가능한 한 많이 전달하려고 하는데, 교육 문제를 안고 씨름하는 이들에게 참고가 되자는 소박한 바람에서이다. 선진국의 교육제도에 관한 정보가 늘고는 있으나, 보다 입체적으로 교육과 정신문화 또 약

간은 역사와 연관 지어 살펴보자는 것이다.

　한 가지 덧붙이자면, 필자는 우리나라 교육을 강 건너 불 보는 듯이 이 글을 쓰지 않으려 한다. 곧 돌아가야 할 초 중등 학생인 두 아이가 있고, 한 시간이면 가는 런던보다 한국은 언제나 내 마음에 더 가깝다. 그래서 한국 학교나 교육에 관한 소식에 늘 귀 기울이고 있다. 좋은 방향으로 바뀌고 있다거나 소신과 소명감을 가진 이들이 애쓰며 헌신하고 있다는 소식을 들으면 희망이 솟아나고 부정적인 뉴스를 대하면 마음이 어두워지곤 한다. 하지만 영국도 이만큼 교육할 줄 알고 사람답게 사는 나라로 바뀌는 데 2백 년은 족히 걸린 것을 알기에, 나의 시선을 한국의 현재에만 붙들어두지 않으려 한다. 글을 쓰면서, 참된 교육이 이루어지고 참된 시민의식이 영그는 우리의 미래를 더욱 소망하게 된다.

2002년 2월
영국 콜체스터에서

1 영국 생활 10년

이 학교가 잘 가르치느냐고,
그래서 좋은 학교냐고.
돌이켜 보면
참 한국 사람다운 질문이었다.

타국 생활이 으레 그렇듯이, 그동안 우리 가족은 몇 번 이사했고 아이들의 학교도 따라서 옮기곤 했다. 덕분에 우리는 초등학교를 넷이나 들여다 볼 수 있었고, 큰아이와 함께 중등학교 입시도 겪어보았다. 흔히 할 수 있는 경험은 아니다.

정확히 말하자면, 현장 자료수집 차 남편이 외국에서 1년 체류하는 동안, 아이들과 나는 한국에 머물렀으므로 몇 달이 모자라는 영국 생활 10년이다. 유학 와서 첫 두 해 동안은 학생 아파트에서 지냈고, 1년 후 가족이 다시 합하고는 옥스퍼드에 잇닿은 동네에 월셋집을 구했다.

그 마을 한복판에 있는 초등학교에서 큰아이는 학교생활을 시작하고 2년을 보냈다. 지금 견주어보니 평균적이고 착실한 학교였다. 마을의 수준이나 분위기가 그랬다. 그리 부유하지도 모자라지도 않아 보이는 차분함이 배경이 되었던지, 학교 역시 특별히 잘 하는 것도 못 하는 것도 없이 기본에 충실했던 것 같다. 누가 이렇게 오래 있게 될 줄 알았겠는가. 그때는 큰 관심 없이 박물관 관람하듯 한국 학교와는 다른 면들을 재미있게 눈여겨볼 뿐이었다. 이면의 의미를 파악할 능력도 뜻도 없었다.

처음 영국에 올 때는 남편이 학위를 마치면 곧 돌아간다는 생각만 하였는데, 4년여 세월이 지난 뒤에는 상황이 달라져 있었다. 더 전문적인 연구를 위해 귀국을 미루어야 했고, 그래서 여기 콜체스터의 대학에서 가르치게 되었다. 영국 사람이 아끼는 풍경화가 존 컨스터블의 화폭에도 보이는 아늑한 공원 속에 자리한

이 대학은 도무지 어울리지 않는 콘크리트 건물 군이다. 이 사람들이 대학을 이렇게 짓기도 하는구나 하면서도 한국의 학교를 연상케 해서 친근감을 느끼기도 한다.

콜체스터 타운은 로마군이 정복 차 건너와서 처음 터 잡고 살았던 곳이다. 유서 깊고 세월의 때가 묻은 것을 좋아하는 이들이 그냥 넘길 리 없다. 런던 쪽에서 오는 길 입구에 '영국 최초의 타운에 오신 것을 환영합니다'라고 써 붙였으니, 약 2천 년 전에는 여기가 영국의 중심이었다고 애써 광고한다. 원주민의 노예적 노동으로 지어졌을 그때의 성과 성벽의 잔재를 지금도 잘 보존하면서 시민 생활의 공간적 구심점으로 삼고 있다. 시티^{city}로 승격하지는 못하고 있으나, 인구는 옥스퍼드와 비등하게 15만 명을 상회한단다. 런던 깊숙이 다다르는 데 기차로 한 시간이면 족하므로 통근자도 꽤 있다. 우리 지도로 보면, 런던은 밀양 정도에 위치해 있고, 콜체스터는 경주, 옥스퍼드는 합천, 그리고 케임브리지는 영천 쯤에 자리한다. 두 나라 땅의 윤곽이 비슷해서 얼른 짚어진다.

공부 잘 가르치면 좋은 학교?

콜체스터에 오고 1년간은 대학에 곁붙어 있는 마을의 대학관사에서 지냈다. 이 마을은 대학의 직원과 학생이 많이 살아서

인지 경제적 평균은 중산층의 중급 이하이나 왠지 유복하고 굳건해 보였다. 나름의 연륜에 더하여 교양의 띠가 두르고 있는 듯했다.

이 마을에 소문이 자자한 초등학교가 둘 있었는데, 마침 규모가 작은 쪽에 자리가 있어서 큰아이가 다닐 수 있었다. 초기에 교수 부인인 고참 학부모에게 물었다. 이 학교가 잘 가르치느냐고, 그래서 좋은 학교냐고. 돌이켜 보면 참 한국 사람다운 질문이었다. 셋째 아이가 우리 큰아이와 같은 반인 그 부인 역시 외국인으로, 위의 두 아이를 콜체스터의 명문 중등학교에 보냈다. 대입시험 성적이 전국 5등이며 물리학 경시대회에서 최우수를 기록한 첫 아이는 그가 선택한 대로 옥스퍼드에서 공부하고 있단다. 그 엄마의 대답이 이랬다. "교사의 가르침은 어느 학교에서나 그다지 차이 나지 않는다. 학교 차이는 아이들 서로가 주고받는 영향에 달렸다." 그러면서 덧붙이는 문맥을 통해서 나는 그 영향이 공부나 학습 능력을 말하는 것이 아니라, 쉽게 말하자면 예의범절과 성품을 뜻하는 것임을 깨달았다. 각도가 전혀 달랐다. 충격이었고 동시에 이후 영국의 교육과 사회에 대한 관심을 구체화하게 된 하나의 계기가 되었다.

학교를 열흘쯤 다닌 큰아이가 "이전 학교에서보다 아이들이 선생님 말을 더 잘 듣는다"고 차이를 알아차렸는데, 그것은 곧 학부모의 교양이 학교생활에 반영된 결과였다. 즉 가정교육이 잘 된 아이들은 교사의 지시에 잘 따름은 물론 서로 양보하고 다

른 사람을 배려하는 영국인의 장점을 학교에서도 그대로 살아내는 것이다. 학교 갈 때마다 느꼈지만, 분위기가 부드럽고 자상스럽다. 한국인 부모라면 대부분의 영국 학교에서 그 같은 감흥을 느낄 듯한데 이 학교는 더욱 그랬다. 선생님은 훈육에 애먹지 않으니 학습 지도에 집중할 수 있었고, 학부모들 또한 우리 아이들이 다녀본 네 학교 중 비할 수 없이 학교에 호의적이며 인정 어린 도움을 아끼지 않았다. 그러니 공립학교임에도 사립학교에 가까운 기회와 여건을 아이들에게 제공할 수 있었다. 이 학교는 지역사회와의 유대 면에서 호평을 받아 정부로부터 상도 받았다. 요컨대, 아이들의 품성과 행실의 수준이 높았고 학부모의 지원이 자상하고 튼실했기 때문에 좋은 학교가 될 수 있었다.

세 번째 학교로는 집을 사서 옮기는 통에 전학했다. 안정된 직장이 있으면 주택융자 받기가 쉽다. 융자를 받아 20~30년 동안 매달 원금과 이자를 납부하면 자기 집이 되기에, 소모적인 월세를 무느니 약간의 목돈을 마련해 사는 쪽을 택한다. 그렇게 얻은 첫 번째 우리 집은 걸음으로 2분 거리에 큰 숲이 시작되는 환상적인 곳에 있었다.

하지만 동네 학교는 막 개교한 데다 신설 주택단지가 들어서는 어수선함이 있어 좀 걱정이 되었다. 지난번 학교가 중산층이라는 단일한 사회적 배경을 가졌던 것과는 달리, 이 학교는 노동계층 다수에 얼마의 중산층이 섞인 그런 여건이었다. 학교에는 결손가정이 많이 사는 시립 주택에서 오는 아이도 여럿 있었고

마을 한 끝 고급 주택가에 사는 아이도 더러 있었다. 이미 두 학교를 경험해 보았기에 이 다양성이 학교의 정서에 반영될 것을 예상할 수 있었다.

우리 부부가 처음 교장 선생님을 만났을 때 이런 난제에 대해 언급하자, 그는 런던의 이스트 엔드$^{East\ End}$ 저소득층 지역에서도 교사 생활을 했었고 부유층 동네의 학교에서도 가르쳐 보았다면서 어떤 부류의 아이도 감당할 준비가 되어 있다고 했다. 과연 그랬다. 교사들을 잘 통솔하면서 문자 그대로 엄청난 노력을 쏟아 부어서 2년 만에 학교를 반듯하게 만들어 놓았던 것이다. 그러고도 남을 아이들이 있음에도 '괴롭히고 따돌리는 짓'^{bully}을 일절 하지 못하도록 학교 문화를 안착시킨 것을 비롯해서 참으로 바람직한 교육을 실현해내는 전문가였다. 바른 교육철학과 폭넓은 경험과 혼신의 노력이 아이들의 배경과 자질의 한계선을 허물거나 끌어올리는 장면을 목격했다. 학교 일에 무관심한 태도로 일관했으나 그 애씀이 느껴지고도 남았다. 첫 학기를 좀 괴롭게 지낸 큰아이가 마지막 해에는 자기 학교가 가장 좋은 학교일 거라고 말할 정도였다. 우리 두 아이는 이 학교에서 3년을 지냈다.

지금의 네 번째 학교로는 다시 월셋집으로 바꾸면서 옮겼다. 집을 팔려면 상당한 시간이 걸리기에 귀국 때를 대비해 미리 정리해 놓으려는 뜻이었다. 작은아이를 위해 전학하지 않게끔 집을 구하려 했으나 그리 되지 않았다.

이 학교는 영국 국교회에 소속되어 있어서 색깔이 뚜렷하다

고 할 수 있다. 성공회로부터 약간의 재정 지원을 받고 교육 이념에서 그 원리를 따른다. 종교교육이 두드러진 점을 빼고는 평균적 수준의 첫 번째 학교와 모든 면에서 비슷하다. 교장 선생님이 여성인 점도 같다. 그래도 연륜 덕분인지 만만찮은 저력을 보일 때가 있고 교육 내실은 탄탄해 보인다. 어느 학교보다 남자 선생님이 많은데, 작은아이는 총각 선생님이 이전의 여 선생님들처럼 잔소리가 많지 않고 목청을 높이지 않아 좋다고 한다. 힘든 아이들도 있는데 큰소리 내지 않는다니 인상대로 순하게 다루나 보다.

글의 진행상 이상의 네 학교를 순서대로 A, B, C, D로 칭하려 한다. 그러니까, A와 D 학교는, 전국적으로 보아도, 보통 수준의 기본이 충실한 학교였고, 학부모의 배경도 비교적 고르게 영국의 평균 가계소득 언저리에 걸쳐 있는 듯했다. B 학교는 공립학교로서는 예외적인 품격을 지녔고 양질의 교육 환경을 조성했다. 학부모의 경제적 배경은 A, D 학교와 큰 차이가 없겠으나 교육 수준은 상당히 높았다. 신설 C 학교는 학부모의 경제적, 교육적 배경은 평균 이하였으나, 탁월한 교장 선생님이 아이들과 부모들의 부족을 메우고도 남았다.

그러고 보니 자연히 공립학교에 대해 쓰게 되었다. 경험의 폭이 사립학교에는 미치지 못했으나 대강은 아는 바요, 또 보통 학교를 관찰함이 이 책의 목표이니 모자라지 않을 것이다.

A B C D 네 초등학교들. 건물 규모는 작아도 운동장은 드넓은 초록이다. C 학교 교복은 공립 초등학교의 전형적인 유니폼이다. 웃옷 색깔이 조금씩 다르고 학교 마크가 있다.

큰아이는 8학년을 맞았다. 한국에서라면 초등 6학년 2학기이겠다. 몇 해 전부터 4년 6개월 나이에 입학하니, 중등학교도 한국 아이들보다 1년 반쯤 일찍 시작하는 셈이다. 중 고등학교는 한 묶음으로 되어 있기에 중등학교로 칭하기로 하자. 7~13학년까지 다 있는 7년제 학교, 7~11학년까지만 있는 5년제 학교, 두 종류가 있다. 콜체스터에는 사립 중등학교는 없으나, 최상위 그룹에 드는 공립학교가 둘이나 있다. 로열 그래머스쿨 Colchester Royal Grammar School과 여학교인 하이스쿨 High School for Girls이다. 초등학교 졸업하면 자동 진학하는 남녀 공학 공립학교 Comprehensive Schools와 달리, 이 두 공립학교는 시험으로 학생을 뽑는다. Selective Schools

그래머스쿨은 남학교이지만 12, 13학년 대입 준비과정에서는 여학생도 받아들인다. 콜체스터 사람들은 그냥 '전국 톱'이라면서 두 학교를 자랑스러워한다. 만년 1등은 없으니 그냥 톱클래스 학교라고 하면 되겠다.

큰아이는 유쾌하게 그래머스쿨 생활을 하면서, 이렇게 재미난 학교를 두고 갈 생각을 하면 벌써 아쉬운 모양이다. 필자 역시 창의력을 북돋우며 체계적이고 조직적인 사고력을 길러주는 학습과 전인적 훈도가 어우러진 학교를 보면서 착잡함을 느낀다. 우리 아이들이 한국에 돌아갈 것이기 때문이어서가 아니다. 내 나라 사람들이 이렇게 사는 법을 잘 모르므로, 그리고 이런 삶을 소망함이 미미해서 낙담이 되는 것이다.

선한 사회는 교육을 통하여

영국 생활이 자리를 잡을 무렵부터 그것이 궁금했다. '어떻게 해서 이 사람들은 이렇게 사람답게 사는 법을 알고서 사회를 그렇게 만들어 왔을까'라는. 지금은 역사 공부를 통해 그 의문이 많이 풀렸다. 작은아이가 입학한 후 시작해서 버겁게 꾸려온 파트타임 공부가 이제 산을 넘어 내리막길을 달리고 있다.

저 유명한 프랑스혁명보다 150년 더 일찍 내란의 혁명을 치르고 왕의 목을 잘라봤던 나라, 인류사를 가른 산업혁명이

시작된 나라, 하여 누구보다 먼저 엄청난 스트레스와 문제를 견디며 현대 세계에 진입한 나라, 그리고 동시에 전통과 역사의 견고한 끈을 붙드는 나라. 한국의 20세기 못지않은 천지개벽의 17~19세기 200여 년 동안 그들은 지켜야 할 것과 고쳐야 할 것을 안간힘을 써서 조정하면서 '시민의식, 시민사회'라는 국민 공감대를 쌓아 올리고 넓혀나갔다. 그 성공에 대해 어떤 미국인 학자는 '천재적'이라고 표현하기도 했는데, 당대 유럽의 주요 국가들과는 다른 예외적 진로를 밟았던 만큼 독특했음은 분명하다.

필자는 19세기 시민협회에 대한 연구를 하면서 '대체 어떤 정신이 그리고 무엇이 영국을 그런 독특한 길로 이끌었을까'라는 질문의 답을 찾아가고 있다. 필자가 보기에 영국은 유럽 여러 나라들에 비해 퍽 조숙했던 것 같다. 이른 혁명의 경험에다, 아무도 겪어보지 않은 산업화와 근대화의 희비를 겪어서 마르크스 이론의 현장 자료가 되어 주기도 했다. 생각도 진도가 빨라(?) 진화론이라는 현대 종교를 창시해서 오늘날 적잖은 후손들로 하여금 너무도 세련된 태도로 원숭이를 '우리 사촌'이라 부르며 애정 어린 관찰에 열 올리게도 했다. 어쩌면 그만큼 먼저 늙어가고 있는 나라인지 모른다.

그러나 중요한 것은, 마르크스가 자기 이론의 탄탄한 근거로 삼은 당대 영국 산업사회의 부조리는, 역설적이게도 사실은, 정신적 가치와 도덕성이 물질의 위력을 제어하고 굴복시켜가는 역동성을 품고 있었다는 것이다. 그에게는 계층 간의 갈등과 투쟁

만 보였겠지만, 극한 불평등에도 불구하고 서로 피 터지게 싸우지 않고 '선한 사회'Good Society라는 선한 목표를 구축해갔다. 올바른 삶에 대한 사유와 신념을 이미 국민 상당수가 공유하고 있었던 때문이다. 세계 최대의 부국 시절에, 양식 있는 중간계급 시민들은 '도덕성이 국력의 원천'이라는 믿음을 동일하게 갖고 있었다.

그래서 19세기가 저물 무렵 대영 제국의 한창 시절에는 정직, 절제, 배려와 존중, 합리적 사고라는 시민적 속성이 하층민 가운데서도 삶의 준칙으로 자리를 잡기에 이르렀다. 더 근원적인 얘기는 이 책의 범위 밖이지만, 그런 사실을 제쳐두면 오늘 영국의 정치도, 복지제도도, 교육도 바로 알기 어렵다.

귀족이든 노숙자이든, 천재이든 백치이든, 독립된 한 인격체로서의 귀함을 지녔다는 생활신조가 영국인의 피 속에 흐른다. 따라서 그들은 자아를 소중히 여기는 만큼 어떤 타인도 존중해야 한다고 믿는데, 공동의 규율과 상식을 지켜 행함으로 이를 실현하고 있다. 그런 기초 위에서 지성과 소양을 북돋아서 조화롭게 살려고 한다. 인간다운 삶에 대한 알찬 인식과 굳건한 공감이 선진 문화의 바탕이요 국력의 원천이며 동시에 교육의 목표이다. 그리고 교육의 현실이다.

2 학습의 줏대

영국 아이들에게 공부는 학교에서 하는 것이다.

공부 엔진은 학교에 놔두고 집에 갔다가

학교에 오면 다시 작동시킨다.

그래서 사교육의 개념도 학원도 있을 리 없다.

영국에 머무는 한국 사람들은 대개 영국 아이들이 공부를 안 한다고 한다. 그럴만하다. 우리 개념으로 공부한다고 할 때 말이다. 보통 우리는 학교는 다닌다고 말하고, 공부는 방과 후 집 안팎에서 하는 것으로 여긴다. 하지만 이들에게는 우리 식의 공부 개념이나 관습이 없다고 해도 무방하다. 학교 밖에서 하는 공부로는 숙제가 대부분이다. 한국의 절대 다수 아이들처럼, 수업을 마치고도 마치 또 다른 학교를 가듯 학원에서 교과목 내용을 더 배우거나 앞질러 하는 그런 것이 아니다. 그냥 개인 학습이다. 그나마도 초등학생에게는 거의 시키지 않는다. 근래에 초등 고학년에게 내주는 숙제도 드문드문한 형편이고, 중등학교 저학년 아이들에게도 '공부한다'는 개념은 찾기 어렵다.

학교 문을 나서면 공부를 안 하는 것이 정상이다. 1학년부터 다녀 영국 학교생활에 익숙한 우리 두 아이에게 숙제 말고 공부 좀 하라고 하면, 싫은 것은 둘째고 저항감의 일차적 이유는 집에서는 공부하는 게 아니라는 거다. 런던 쪽 한국 사람이 많은 곳에 산다면, '한국 아이들은 저렇게 더 많이 하지 않냐'고 할 텐데, 한인 학교도 없는 이 한적한 곳에서 국어 공부시키기가 참 어렵다. 영국식 논리가 자리해가니 이 한국식 엄마가 힘이 부친다.

공부는 학교에서 하는 것

영국 아이들에게 공부는 학교에서 하는 것이다. 공부 엔진은 학교에 놔두고 집에 갔다가 학교에 오면 다시 작동시킨다. 학습뿐 아니라 특활도 학교 몫이다. 그래서 사교육의 개념도 학원도 있을 리 없다. 과외라는 것이 있기는 하나 없는 것에 가깝고 따라서 전체 교육에 아무런 영향을 미치지 않는다. 다만, 비싼 등록금을 받는 사립학교는 더 엄격하게 행실교육을 함은 물론이고 더 오래 붙잡아놓고 공부시키고 특활도 한층 다양하게 제공한다. 열성 있고 재력 있는 부모가 신경 쓰지 않아도 되게끔 고급 세트의 교육을 서비스하는데 전적으로 학교가 관리한다.

공부는 학교가 시킨다는 것이 영국인의 기본 생각이다. 세금을 내면 되고, 가르치는 것은 정부 몫이라는 말이다. 아이도 능력이 있으면 잘 할 테고, 없으면 없는 대로 제 분량대로 하면 된다. 부모가 할 일은, 아이가 성실히 학교생활 하도록 격려하는 것이다. 이들에게 교육이란 성적이 절대 비중을 차지하는 것이 절대 아니기 때문이다. 아이나 부모나 힘겹게 할 필요가 없는 사고방식이요 시스템이다. 옛날부터 그랬고, 또 그러고도 제국을 경영했고, 아직은 괜찮게 그리고 꽤 쾌적하게 산다. 왜 그런지 차차 밝혀보고자 한다.

이 사람들이 우리나라 아이들의 공부 현실을 엿보게 된다면 어떤 반응을 보일지 짐작이 된다. 두말할 것 없이 아이들을 학대하는 것 아니냐며 인권 운운할 것이고, 다음은 영양가 없어 보이는 학습에 웬 시간과 열정과 돈을 그리 붓느냐고 반문할지 모르

겠다. 아동의 인권문제로 말하자면 영국의 전력도 상당한데 옛일은 잊었을까. 첫 번째 '세계의 공장'으로 떠오르던 시절에, 높이 60센티미터 지하 갱도에서 종일 쪼그리고 앉아 가스 차단 문을 지켰던 6살 또래 아이들, 방적기 밑에서 사고나 변을 당한 아이들, 굴뚝 청소로 병사한 소년은 부지기수. 새벽 6시에 일터로 가서 밤 10시에 돌아온 초등학생 나이의 아이들. 학교에 모아 놓으면 애 보라고 일 하라고 불려가는 아이들…. 제국의 백성이 식민지 원주민보다 못하다고들 했다.

그런 과정을 거쳐 왔건만 지금 그들이 한국 학생들을 본다면, 아마 BBC 뉴스에서 내전 중인 아프리카 나라에서 10살 남짓의 소년들이 긴 총을 들고 군사훈련 받는 장면을 볼 때 필자가 느끼는 낭패감과 비슷한 느낌을 받을 거라고 추측한다. 현재는 간혹 있는 사건사고 때문인지 아이들이 밖에서 놀도록 잘 두지도 않고, 행여 아동을 괴롭히는 부모나 어른이 없는지 이웃과 기관이 경계하고 살핀다. 아이에게 부담 주는 일을 최대한 줄인다.

따라서 공부는 학년이 오름에 따라 조금씩 양을 늘리는 그런 것이다. 초등학교 시기에는 학교에서 하는 것으로 충분하고, 중등학교에서는 학년에 따라 서서히 숙제도 많아지고 공부의 비중을 높여간다. 그렇게 해서 영국 대학생은 한국 대학생보다 훨씬 더 많이, 깊이 공부하기에 이른다. 정작 초등학교에서 대학교까지 다 고려해보니, 영국 학생이 한국 학생보다 공부를 적게 한다고 단정하기는 어렵다.

목적 있는 학습

고등학교까지 비교한다면, 영국 학생은 한국 학생보다 다른 문화 활동은 더 많이 하지만 공부하는 시간은 조금 적다. 대신 학습은 한국 학교처럼 단순하지 않고 그 깊이와 질적인 면에서는 비교가 되지 않는다. 이들의 관점으로는 지식의 단편을 많이 기억하는 학습은 거의 무의미하다. 그런 방식의 공부는 소모적일 뿐이라고 판단한다. 한국 학생은 공부 노동을 하고, 영국 학생은 공부 활동을 한다. 공부가 생활을 지배하는 쪽이 있는가 하면, 생활이 공부를 지배하는 쪽이 있다.

필자가 영국 교육에 대해 이 사람들에게 물어보다가 서로 이해를 돕기 위해 우리 식의 시험을 예로 들면 매우 의아해한다. 19세기 중엽만 해도 자기 나라 초등 교육에서 암기력을 중시했다는 사실을 잘 모르는 이들은 동그란 눈으로 쳐다본다. '뭐 땜에 그러는고?' 아니면 '그게 무슨 도움이 되나, 참 딱하다'라고 하는 것 같다. 교육은 시민으로서의 자질과 지성의 틀을 형성하도록 돕는 것인데, 그런 비효율적인 학습으로 어떻게 지적 능력을 배양하고 제 목소리를 분명히 내는 법을 터득하겠냐는 뜻이다.

이들의 교육은 자기의 권익을 지키고 향상시킨다는 개념과 떼어놓고 생각하기 어렵다. 자유와 시민권의 핵심인 선거권을 다 얻기까지 기나긴 투쟁 과정을 거치면서, 이들은 의무를 다 하는 만큼 권리를 철저히 따지게 되었다. 제 권리를 잘 챙기기 위해서

는 많은 세금을 걷어가는 중앙정부와 지방정부를 제대로 감시할 줄 알아야 하고, 선거와 투표에서 자신의 권익을 지켜줄 후보와 정당이 어느 쪽인지 그 속내를 간파하고 냉철하게 선택할 수 있어야 한다. 불의나 부정의 시정도 타당한 논리로써 요구할 줄 알아야 한다. 그러려면 당연히 똑똑해야 한다. 그래서 합리적 사유 능력이 개인의 권익과 자유를 지키는 무기이며, 지도자들은 국민이 그런 능력을 가져야 더욱 자유롭고 민주적인 나라가 된다고 믿었고 또 그렇게 교육시켜 왔다. 교육의 방향이 이러하니 굳이 많이 알거나 가르칠 필요가 없는 것이다. 그들은 우리 식의 얕은 지식은 훨씬 적게 가졌지만, 생각하고 논증하는 능력에서는 월등히 낫다. 영국 민주주의 교육의 관점에서 보면, 우리나라 학교의 커리큘럼과 시험이 창의성을 열어주고 체계적인 사고력을 길러주는 교육의 핵심과는 거리가 멀다고 할 수 있다.

우리는 공부를 그토록 많이 시켜서 무엇을 성취하고자 하는지, 과연 직업 이외의 선한 목적을 가지고 지도하는지 자문해 볼 필요가 있다. '인간과 사회에 대한 보편적인 가치'로 인도한다거나 '덕스런 시민'을 양육한다는 그런 것 말이다. 이 같은 푯대가 있어야 인식 능력과 교양의 계발이라는 학업의 동기가 확립된다. 교육의 지향이 모호하면 다량의 지식을 흡수해도 허사가 되기 쉽다. 선진적인 제도와 방식을 도입하거나 개선책을 나름 부단히 모색해왔음에도 수많은 사람들이 우리 교육을 '문제'라고 여기고 있다면, 그 주된 원인은 그간 우리 사회가 타당하고 일관성 있는

가치 체계를 확립하지 못하여 교육의 목표 또한 바르게 세울 수 없었기 때문일 것이다. 참된 교육을 일구는 밑바탕은 사회가 올바른 가치를 추구하고 그에 대한 확고한 공감대를 갖고 있는 것이다. 그러므로 우리 교육의 문제는 제도가 적절치 못함 때문이라기보다는 우리의 가치 체계가 올곧게 직조되지 않아서이다. 교육에 있어서 좋은 가치만큼 좋은 제도는 없어 보인다.

그러기에 '인류 보편의 가치'와 '민족혼'이라는 두 기둥을 교육의 정신으로 곧추세우는 것이 교육을 올바르게 만드는 지름길이라고 여긴다. 영국 교육이 부러움은 그 가치와 혼의 힘 때문이다. 사람을 존중하고 생명 있는 것을 아끼고 자기 것을 사랑하는 길로 아이들의 인성을 북돋우며, 논리적이며 종합적인 사고력과 분별력을 길러주는 데로 교육이 방향 지워져 있다. 제 나라의 역사와 문화와 강산에 애착을 갖고 지성과 도덕성의 힘으로 그것을 지키는 정신이야말로 가치 있는 삶, 인간다운 삶의 대전제가 아닐까. 우리에게도 물론 사랑할 만하며 자랑할 만한 고유한 것이 많다. 차이가 있다면, 그들은 정의롭고 공평하며 온건하고 합리적인 사회를 건설하기 위해 장애물과 맞싸우며 온갖 수고를 다한 조상을 이미 많이 가졌고, 우리는 그런 사람이 더 많아지기를 희망하는 것이다.

3 고단백저칼로리 학습

It is obvious that you have written it all

in your own words.

이 모두가 **온전히 네 자신의 글**이구나.

영국 공부는 적게 하고도 현명하게 만들기에 '고단백저칼로리 학습'이라 명명해본다. 시험문제의 실례를 대하면 학습의 방향을 감 잡기 쉬울 것이다. 11학년^{한국 중3~고1} 학력고사용 연습문제 중에서 영문학 과목을 먼저 살펴보자.

살아있는 학습

11학년 영문학 시험에 '셰익스피어'와 '드라마' 부문도 있던데, 선택인지 필수인지 알아보지 못했다. 영문학의 기초 등급 시험은 '미디어와 비소설' 그리고 '문학부'로 나뉘어 있다. 그중 '미디어와 비소설' 부문의 문제 일부를 옮긴다. 이 시험에서 주제는 '박탈당한 어린이들'이라고 명시해 놓았다. 시험지 앞부분 3면 빽빽이 두 편의 발췌문을 실었다. 하나는 홍보용 팸플릿에서 따온 것으로 제목은 '어린이 구호에 동참'이고, 다른 하나는 《리더스 다이제스트》에서 발췌한 '가족 활동'이다.

1. 긴 시간을 요하는 문제
  (a) '박탈당한 어린이들'을 읽고, 이 팸플릿을 제작한 S의 활동에 대해 120~150자로 요약하여 **자신의 말로 쓰시오.**   (10점)
  (b) 마이크의 가족 이야기와 팸플릿 두 자료를 토대로 해서

'작금의 박탈당한 어린이 문제'라는 제목으로 학교 신문에 싣기에 적당한 글을 **작성하시오**. (10점)

2. 짧은 시간을 요하는 문제

아래의 문제에 할당된 점수 이외에, **서술과 표현에 따라** 10점을 추가할 수 있음. [10문제 중 일부만 옮긴다. 각 5점]

(a) S는 무엇을 변화시키고자 하는가?

(b) S가 말하는 어린이 구호는 정확하게 어떤 것인가?

(c) 팸플릿의 내용이 관심을 불러일으키는가? 어떤 점에서?

문학부 문제는 시, 산문, 소설을 발췌해 놓고 논술하는 종류이다. 산문에 관련된 문제를 보자.

1. 독해력

(a) 폴라가 쓴 '장난감 소녀'를 읽고, 폴라가 겪은 일에 대하여, 또 앞으로 몇 분 후에 그녀에게 일어나리라고 예상하는 바와 그 **이유를 쓰시오**. (20점)

(b) [시험지 앞부분의 긴] 두 발췌문 중 하나를 택해서 스토리를 요약하고 작가가 스토리를 구성한 방식에 대해 **논하시오**.
답안에 다음의 요소를 언급해야 함. (20점)

· 내용   · 스타일   · 구성

2. 논술력 (한 문제 선택 각 20점)

(a) 탐구, 상상, 지적 유희 문제
병 걸릴까 봐 걱정하는 어린이를 주인공으로 하는 **이야기를 지으시오.**

(b) 토론, 논쟁, 설득 문제
'자기 자식을 믿는 부모는 바보다.'
이 진술에 대한 견해를 **에세이 형식으로 쓰시오.**

(c) 분석, 평가, 해석 문제
자서전을 쓴다고 생각하고 자신과 부모의 관계를 **분석하는 부분을 작성하시오.**

(d) 정보 제공, 설명, 묘사 문제
자신이 부모가 된다면, 자녀를 -특히 십대 청소년기에- 어떻게 **양육할지 에세이로 쓰시오.**

이런 유형의 문제로 학생의 분석 이해 능력과 논리적 서술 능력을 측정하는 것이다. 문학부이니까 문제가 이럴까? 아니다. 우리 큰아이의 장기인 지리 과목의 7학년 연습문제를 보자.

주제는 '이스트 앵글리아^{잉글랜드 동남부의 한 행정구역}의 농장 사례 학습: 린포드 농장'인데, A3 용지에 린포드 농장에 대해 상세히 써놓았다. 요약하면 아래와 같다.

농장의 위치와 내력, 농장 건물들
농장의 지리상의 특징, 토지의 성격, 노동 인구
농기계 8종의 명칭, 구입 연도, 가격, 교체 시기

비료, 살충제, 연료 등 투자재

5가지 작물의 생산량과 3년 비교치

월별 작업에 관한 농사 일지 요약

농사 이외의 부수적 사업

환경 관리 프로그램

최근의 변화와 문제들

질문을 베껴 쓰고 답을 아는 만큼 모두 **자세하게 쓰시오**.
어떤 문제는 질문이 여럿이니 빠뜨리지 않도록 주의할 것!
이 사례는 학년말 시험에 포함될 것임.

1) 농장의 위치와 크기는?

2) 이 농장이 우수한 경작지임을 의심하게 하는 요소는?

3) 무슨 기계들을 구입했으며, 1991년과 1996년 사이에 수입한
   기계류의 총 가격은 얼마인가?

4) 기계류의 경상비를 도출할 수 있는 정보는 무엇이며 얼마나 드나?

5) 기계가 왜 그렇게 많이 필요한가?

6) 1년 중 어느 두 달이 가장 한가한가? 왜 그런가?
   그 두 달 동안 무엇을 하나?

7) '다각 경영'의 뜻은? 이 농장은 어떤 방식으로, 왜 다각 경영을
   꾀했는가?

문제 8, 9는 깊이 생각해야 하고, 제대로 답하려면 많이 써야 함.

8) 농사짓는 데는 문제가 많다. 그 문제는 어떤 것이며, 그중에 농부가
   통제할 수 없는 것 외에 농부의 잘못으로 발생하는 문제는 무엇인가?

9) 농부가 극복할 수 있는 방법은 무엇인가? 비용이 얼마나 들겠으며 성공률은 어떤가? 농장 게임을 염두에 두고 답을 작성하시오.

학습의 예를 하나 더 들자. C 초등학교 곁에 나란히 있는 중등학교에 우연히 들어갔다가 복도 벽에 전시된 7학년 역사 학습 한 토막을 본 적이 있다. 주제는 흔히 '노르만의 정복'이라 일컫는 것이었다. 프랑스 쪽에서 건너온 노르망디 공 윌리엄의 군대가 잉글랜드 본토를 장악하는 정복 전쟁의 시작, 즉 1066년의 전쟁에 관해서였다. 전쟁의 원인과 과정, 그리고 직후의 사건을 그림 형식으로 천에 수를 놓아 보존한 사료가 있는데, 그 일부 그림의 윤곽을 종이에 본떠서 학생들에게 나눠준 모양이었다. 학생은 그림에 색깔을 넣고 각 부분마다 명칭을 써 넣었다. 연습문제 중에는 괄호 안에 써넣기도 있었고 마지막에는 글을 짓게 했다. '만약 자신이 그날 그 새벽에 다락 창 너머 바다 끝에 떠오르고 있던 윌리엄의 함대를 목격한 피방시 마을의 아이였다면 어땠겠으며 무엇을 했겠는가?'에 대한 답을 작문 형식으로 쓰라는 것이었다.

문제를 읽는 순간 감탄해마지 않았다. 7학년 학생의 지적 능력에 과하지 않은 학습의 요구일 뿐 아니라 이 질문 하나만으로도 그들의 학습 방식이 얼마나 창의적인지 헤아려볼 수 있었다. 잘 쓰려면 배운 내용을 총동원해 그때의 현실에 다가가야 한다. 우선 당시 피방시 마을과 생활에 대해 정리해 놓은 학습장을 곰

곰히 들여다봐야겠다. 그리고 윌리엄 군대의 규모와 특징이 어떠하며 왜 쳐들어왔는지, 선생님이 알려준 지식을 충분히 활용해야 했다. 수업 시간에 배운 것을 자기가 이해한대로 재구성해 서술하는데 논리가 있어야 하고 문학적 상상력까지 동원하면 훌륭할 것이다.

중등학교에서는 '노르만의 정복'과 같이 영국인이면 꼭 알아야 하는 중요 주제는 더 확장해서 공부하기도 한다. 가령, 윌리엄의 잉글랜드 정복 과정이 어떠했으며, 정복 후 어떤 변화가 왔는지, 윌리엄과 세트로 다루어야 하는 《둠즈데이 북》Domesday Book: 1086년, 세금 징수 목적으로 시행된 종합적 센서스 결과물이 어떻게, 왜 작성되었는지 등등 지식의 깊이와 폭을 더한다. 반드시 사료 일부를 직접 수업에서 다루며 논증적 에세이로 마무리 하는 것이 보통이다. 더군다나 그 옛 윌리엄의 피가 지금 왕세손 윌리엄에게로 이어지니, '노르만의 정복'은 국민으로서 습득해야 할 필수 지식이라 할만하다. 자기 역사의 중차대한 국면을 성장 과정에서 제대로 익히도록 함으로써 국민적 공감대를 탄탄케 하는 것이다.

우리도 중학생 정도면, 예를 들어, '임진왜란'을 같은 방식으로 공부할 수 있지 않을까. 임란 전 조선통신사의 양 갈래 보고와 그 결과에 대해, 그리고 전황에 대한 기본적 사실을 학습한다. 군선과 무기 면에서 조선과 일본을 비교하고, 거북선의 구조와 특징을 관찰한다. 거북선을 그려보거나 그룹 작업으로 모형 제작을 할 수도 있다. 주요 해전을 공부한 뒤 재현해보는 방법도 있고,

사료를 통해 이순신 장군에게 더 가까이 다가갈 수 있다. 이 학습에서 에세이를 쓸 만한 주제는 얼마든지 끌어낼 수 있다. '임진왜란'이나 '한글 창제'의 주제는 청소년의 지성을 단련하고 국민의식을 함양하는데 더할 나위 없이 좋은 소재다. 다량의 얕은 지식을 전달받고 암기력을 측정하는 공부와는 차원이 다르다.

고단백저칼로리 학습은 학원이나 과외 선생이 떠먹여 줄 수 있는 성질의 공부가 아니겠다. 학과목 대부분이 주어진 자료를 분석해서 이해한 바를 리모델링 하듯 자기 나름으로 표현하고 설명하기를 요구하기 때문이다. 무엇보다 돋보이는 것은 앞에 보인 문제들이 뛰어난 학생의 능력을 제한하지 않는다는 점이다. 서술 문제는 정답이 규격화되지 않기에 가진 능력을 한껏 발휘할 수 있다. 내용은 같아도 서술 능력에 따라 점수가 달라질 것은 자명하다. 소위 공부 못한다는 아이도 이 같은 학습을 하다 보면 사건 사물을 구조적으로 보는 기본을 갖추게 된다.

모든 공부가 창의적, 논술적

초등학교 때는 교과목 중에서 영어가 가장 큰 비중을 차지하는 것 같다. 딱히 영어라기보다는 '읽기·쓰기·짓기' 세트라고 함이 맞겠다. 알파벳을 미리 배워오는 아이는 없으므로 첫 1년은 문자를 그리는지 쓰는지 하면서 단어를 익히는데, 어서 잘 쓰고

읽도록 재촉하는 분위기는 없다. 글자만 쓰게 하지도 않는다. 선생님이 사물을 그린 것을 복사해서 나눠주면 오려 붙이고 단어를 쓴다든지, 그림을 그려 넣고 써 넣은 식이다.

　원래 교과서라는 것이 없어서 진도 맞출 일도 없고, 몇 단어 읽고 쓸 때부터 짓기를 하도록 한다. 단어 자체를 빨리 익힘이 중요한 것이 아니라, 아는 글자와 개념을 자기 생각과 느낌을 나타내거나 대상을 설명하는데 사용할 줄 아는 것이 중요하다는 말이다. 그래서 우리가 이해하지 못할 일인데, 받아쓰기와 단어 정리를 중등학교에서도 계속한다. 학년이 오를수록 어려워지는 단어를 쓸 줄도 알아야 하지만, 요점은 그 어휘를 학생 자신의 서술

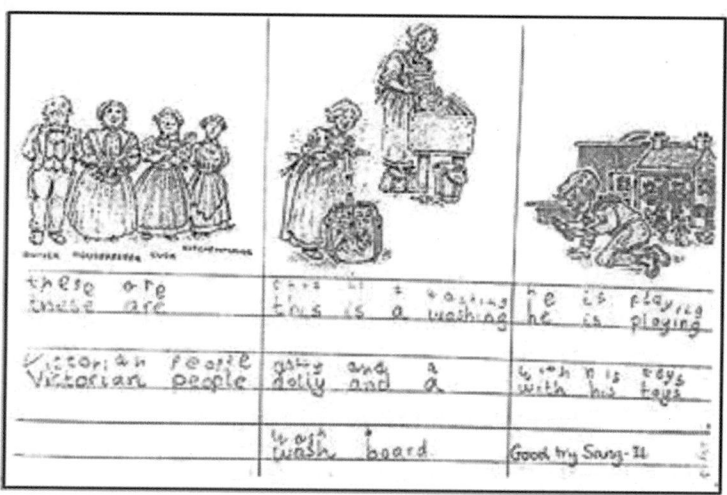

단어나 문장을 처음 배울 때는 이처럼 그림을 보고 쓰게 한다. 색칠도 하고, 빅토리아 시대의 생활상도 보며, 생각나는 대로 쓴다. 정답이 없으니, 단순한 글자를 익히는 데에도 생각하게 한다. 이 작업을 한 아이는 금방 한국에서 왔기 때문에 선생님이 글을 써주고 따라 쓰게 한 것 같다.

작업에 사용해서 문장력을 향상시키라는 뜻이겠다.

책 읽기는 처음부터 한다. 등급별로 책 목록을 만들어놓고 단계를 높여가며 읽도록 하는데, 학교에서는 시간이 충분치 않으므로 집에 들고 가서 읽는다. 한 페이지에 한 문장 있는 책부터 시작해서 매일 바꿔 가져가니 책 읽기는 일상이다. 그래서 책 한두 권을 넣을만한 헐렁한 가방이 초등학생의 책가방이다. 독서는 아이의 능력을 따를 뿐이니, 같은 반에서도 어떤 아이는 3등급을 읽고 어떤 아이는 9등급을 읽는다. 개인 독서 일지에 책 제목을 적고 – 저학년 때는 선생님이 써준다– 선생님은 일일이 점검한다. 중등학교에서도 독서 상황을 체크하고 명작과 고전을 읽도록 독려한다.

좋은 책을 꾸준히 읽는 것은 나라말 공부에 가장 좋은 방법일 뿐 아니라 시민적 지성의 터를 닦는 길이기도 하다. 사람의 말과 글을 잘 이해하고 자신의 생각을 조리 있게 표현하는 능력을 길러주는 것이 국어 공부의 목표라고 여긴다. 서로 말을 잘 알아듣고 잘 소통하는 시민이 많은 나라가 선진국 아닌가. 결국 영국 아이들은 놀만큼 놀면서 책을 읽곤 해서 그 많은 자유 시간의 가치가 쏠쏠하다.

초등학생의 학습장을 보면 온통 아트^{art} 작업한 것 같다. 어느 과목이든지 입체적으로 이해하는 공부를 하므로 스케치북 형식의 학습장이 많고, 공책에도 반드시 주제에 해당하는 그림을 첨부한다. 농기구를 공부할 때도 공책에 직접 그려 보는 것까지 한

다. 책 그대로 본뜨는 경우가 아니라면, 같은 내용이라도 아이들은 저마다 그림이 다르다. 주제와 관련되는 것이면 나름대로 하도록 두는 것이다. 이 사람들이 '공부한다, 배운다'라는 개념은, 우리가 따로 구분해서 쓰는 개념 '실물 실습 교육'을 뜻하는가 싶다. 모든 학습이 생활 밀착형이다. 겉도는 지식이 아니다.

다른 예를 들자면, 우리 가족이 속한 교회의 주일학교에서는 그날의 토픽을 전달할 때 언제나 그림을 그리거나 만들기를 하게 한다. 교재 자체가 그림으로 되어 있어서 색칠하고 써넣으면서 자연스럽게 이야기를 기억한다. 아이들에게 이야기할 때도, 미처 자료를 준비하지 못했으면, 즉석에서 배역을 정해 몸짓하게 하거나 주변에 있는 집기라도 이용한다. 심지어 자료를 가져오지 못한 어떤 부인은 "바울과 베드로가 ...." 할 때, 자기 손가락 안쪽에 펜으로 눈 코 입을 그려 두 사람을 만들어 보여주며 이야기를 풀어갔다.

거기에다 이들은 자잘한 생활용품이나 재활용품으로 공작품을 만들어내는 데는 도가 텄다. 온 국민이 그렇게 배웠기 때문에 그렇게 가르친다. 그냥 듣기만 하고 받아 적기만 하는 것은 충분한 이해를 돕지 못할뿐더러 사고력을 제한시킨다. 이들의 학습방식은 '실제로 관찰하는 것이, 실제로 해보는 것이 이해하는 것이다'라고 말할 수 있겠다. 다 찬동할 바는 아니지만, 여기 아이들은 그냥 암기하는 것을 생리적으로 거부한다.

수학과 과학마저도 다분히 논술적이다. 며칠이면 외울 구구

단을 원리를 깨우친다고 근 1년이나 끌고 간다. 두 자리 수 더하기부터 눈이 멍해지기 시작하는 저들의 계산 실력은 한국인으로서는 도무지 이해할 수 없는, 아니 갑갑한 노릇이나, 수학 학습이 척척 계산하고 문제 푸는 것을 요하지 않으니 도리 없다. 실생활에서 수학적 논리가 필요한 부분을 잘 감당하도록 응용 능력을 키우는 것이 관건이다. 수학 문제집을 보면, 웬 말이 이렇게 많나 싶다. 생활 현장 같다.

필자는 수학이 그런대로 재미있긴 했어도, 인문학도로서는 수학에 들인 그 많은 시간이 아깝게 여겨진다. 문과 쪽 대학 진학을 원하는 영국 학생은 11학년 학력시험 이후로는 수학과 이과 과목은 작별한다. 이후 2년간의 대입 준비 학습은 우리 대학의 전공 영역을 침범하는 수준이다. 이과 학생도 자기 분야에 집중할 수 있으니, 수학 과학 쪽의 두뇌가 모자란다 할 수 없겠다. 학제가 국가 경쟁력을 낮추지 않게끔 되어 있다. 보통 고교 2, 3학년 나이이면 좀 더 전문적인 공부를 할 잠재력이 있다고 보는데, 우리는 이런 면에서 학생들의 지력을 붙들어 매놓고 있다는 느낌이 든다.

이 국민이 지지리도 셈을 못해도 학문적, 전문적 수학 분야는 영국이 나은 편이라고 한다. 수학과 과학 교육의 전통이라면 우리가 섣불리 견줄 바가 아닐 것이다. 특히 과학은 교사가 '이렇게 저렇게 돼서 요렇다'라고 설명하는 것은 거의 없고, 만들거나 실험하거나 아니면 다양한 자료를 동원해 '그렇게 되는 거구나'

라고 입체적으로 이해하게 한다. 중등학교는 별도의 실험실을 갖추고 있다. 따라서 과학 공책은 관찰과 실험에 대한 각자의 기록으로 채워진다. 내용은 비슷해도 기록의 구성이나 강조점들은 서로 다르다. 즉 자기가 이해한 대로 쓰고 그려 넣게 되어 있다.

　초등학생의 경우 모든 학습장, 모든 페이지에는 선생님의 돌봄 표시가 있다. 철자를 고쳐주고 답안을 일일이 체크하고 작성한 글에 대해 평을 꼭 덧붙여 놓는다. 여하튼 학습장을 보면 '배웠다'는 정적인 느낌보다는 '신경 써서 작업했다'는 인상을 받는다. 수업 시간에 창의력, 상상력, 사고력이 항상 투입되어야 한다. 이 능력을 다 구사하면 공부 잘 하는 사람이 된다. 이들은 창의력이나 상상력을 그다지 들먹이지 않는다. 그것 없이는 공부나 학습이 되지 않게 되어있기 때문이다. 그러니까 인간 친화적 공부다. 그들은 이해력, 암기력만 측정하는 공부에 대해서는 잘 모른다. 이런 메마른 공부는 사람의 다양한 자질을 제한하고 억압한다. 낮은 수준의 공부다.

　창의력과 상상력은 교육으로 계발되기보다는 천부적인 것이어서 정도는 달라도 누구에게나 있다고 본다. 제대로 된 교육은 이 잠재력을 불러내고 또 표출하도록 길을 열어준다. 영국의 교육은 이런 점에서 잘 해온 것 같다. 유치원에서는 마음껏 그리게 해서 자유롭게 내면을 발산하게 하고, 초등학교 시절에도 개성과 재능이 자연스럽게 드러나게 하는데 교육의 초점이 맞추어져 있다. 그런 기초 위에서 중등학교 시기에는 더욱 체계적으로 사고

하도록 인도한다. 아래와 같은 중등학교 과목 교사의 학습 지도안을 보면, 영국 학습의 핵심을 마주보게 된다.

.... [7학년, 11살] 역사 공부에서 학생은
자신의 견해를 입증하는 방법을 배우게 될 것이다. 그러므로
자신의 생각을 분명하고 설득력 있게 표현함이 매우 중요하다.
꼭 기억할 것은, **자신의 아이디어를 입증하는 것**과
자신이 생각하는 바를 그냥 쓰는 것은 다르다는 점이다.

질문에 대한 답은 잘 생각해서 정리된 것이어야 한다.
가령, 어떤 사료가 쓸 만한 것인지 판단하는 질문이라면,
답안은 적어도 3~4 문장은 돼야 한다.
답안을 충분히 작성하기 위해서는 다음 세 가지가 요구된다.
1) 자신의 견해를 충분히 **설명한다**.　　　　*Explain*
2) 자신의 견해의 타당성을 충분히 **논한다**.　*Justify*
3) 다른 견해들을 충분히 **검토하고 고려한다**.　*Evaluate*

거듭 말하지만, 학습의 중심은 교육의 전 과정에서 일관되게 유지된다. 초등학생이 완성한 과제를 보고 교사가 쓴 코멘트 또한 위의 학습 지도안과 그 정신이 일치한다.

"정말 애썼다. 이 모두가 **온전히 네 자신의 글**이구나. 그림이 참 잘 됐다."　　It is obvious that you have written it all

in your own words.

모든 학습에서 교사는 결국 '네 스스로의 힘으로'를, '네 자신의 생각, 의견, 표현'을 원한다. 지식을 복사해서 시험 치르는 종류가 아니라, 지식을 소화해서 너의 방식으로 리모델링하고 너 자신을 표현하는 도구로 만들라는 것이다. 결국 너 자신이 되라는 것, 독립적 인격체가 되라는 것이다. 학교 공부란 거기에 이르도록 보조하는 것이다. 자기만의 것이 잘 드러나도록 돕는 것이다. 각각이 타고난 잠재력, 창의력, 상상력을 다른 사람이 이해할 수 있는 방식으로 전달하도록 다듬어준다. 그러니까 어디까지나 우선적인 것은 아이가 가진 고유한 자질과 성향이요, 학교는 그것을 다치지 않으면서 인간 세상의 인식과 표현 방법을 접붙여 주는 것이다.

우리 교육 방식은 아직 많이 다르다. 아이들의 잠재력이 피어나도록 배려하기보다는 일정한 지식과 학습의 틀 안으로 끌어들이는데 중점을 둔다. 영국식 학습은 자연의 모습을 최대한 그대로 두면서 사람이 즐기도록 호젓한 길을 내거나 필수불가결한 실물을 어울리는 자리에 살포시 들여놓는 것에 비유한다면, 우리 교육은 사람의 즐거움을 위해 산을 파헤쳐서 근사해 보이는 시설물을 설치하는 장면을 연상시킨다. 아이의 천부적 자질은 소홀히 대하면서 얕은 지식을 들이붓고는 또 한편으로 별도의 창의력 프로그램을 갖다 대곤 한다. 그러므로 우리 어른들의 무분별한 열성은 아이의 자율성과 개성을 손상시키고 있고, 국가가 필요로 하는 인적 자원을 확보하는 데에도 그리 도움이 되지 않는다.

영국 부모들이 학교생활 이외에 자녀의 공부에 별 관심이 없는 것이 오히려 이 아이들에게 득이다. 무관심이 아이들의 창의력과 상상력을 보호한다. 적어도 해는 입히지 않는다. 독창성은 혹독한 조건에서 발현 되기도 하지만, 대부분의 사람에게는 여유와 자유라는 따스한 햇살과 공기가 있어야 결실을 맺는다. 아이에겐 끊임없이 뭔가 창조적인 작업을 하려는 경향이 있다. 인간은 그렇게 만들어졌다. 창의력과 상상력을 잘 피워내는 기본 조건은 아이의 타고난 개성을 인정하는 정신, 즉 각각 고유한 가치를 지닌 인간으로 존중하는 그 정신이다. 그 정신이 확고한 만큼 사회는 자유롭다.

'책 만들기'와 '주제공부'는 전공 필수

여러 과목을 포함하는 연계 학습이 수업의 백미다. '책 만들기'와 '주제공부'가 그것이다. 책 만들기는 두 종류로 한다. 스스로 제목을 정해서 이야기를 짓고 그림을 담는 방식, 그리고 주제공부 한 내용을 책으로 엮는 방식, 즉 '토픽 북' 만들기가 있다.

주제공부는 늘 하는 기본 학습 외에 한 주제를 깊이 다루는 것을 말한다. 주로 한 학기 프로젝트로 한다. 예를 들면, 역사 중에서 '튜더시대',영국 16세기 '고대 이집트', '고대 그리스', '로마인', 중세의 '흑사병', 그리고 어느 학기에는 '태양계', '활동과 성장,

건강' 등이다. 숙제로 '태양계의 행성 만들기'도 해보았다. 주제 공부를 끝냈을 때는 한 권의 자기 책과 공작물이 남겨진다. TV에서 본 어떤 학교에서는 한 학급이 브리튼의 로마 시대를 $^{부록\ 참조}$ 공부하면서 대규모 로마 빌라의 모형을 제작했다. 주제공부가 또 유익하기로는 협동심을 키우기에 안성맞춤이기 때문이다. 학급을 몇 그룹으로 나누고 그룹마다 각각 소제목을 할당해서 조사하고 발표하게 하는 것이다. C 학교 5, 6학년이 같이 했는데, 아이들은 저마다 할 것을 정하고 준비한 다음, 서로 맞추어보고 조율해서 그룹별로 자료를 제시하며 발표했다. 일석삼조의 전형이다.

내용상 깊이 있는 공부가 될 수밖에 없다. 초등 3학년 때 한 주제공부 '고대 이집트'는 우리의 고교 세계사 공부에 비해도 딴 세상 얘기다. 선생님이 준 그림을 붙이고 설명 들은 것을 재량대로 항목으로 만들었다. 참고 서적을 보며 그림을 선택해서 옮겨 그리기도 하고, 마지막에는 피라미드나 로제타스톤을 본떠 만든다. 학습을 통해 얻을 수 있는 효과는 다 얻는 셈이다. 선생님의 지도를 착실히 따른 아이의 책을 보면 현장답사 갔다 온 느낌이 들만큼 참 쓸 만하다는 생각이 든다. 역사 공부는 인간과 사회에 대한 성찰 감각을 건드릴 수 있는 것인데, 만 7살 나이에 제대로 시작하게 하다니. 과거 사건들의 나열을 기억하는 방식으로는 그 같은 성과를 얻을 수 없음은 당연하다.

B 학교 3학년 때 큰아이는 존 컨스터블이 살았던 집에서 현장 학습을 했다. 콜체스터에 인접해 있었고, 개조했음에도 퀴퀴

한 그 집의 냄새를 맡으며 2박3일을 머물렀다. 지내는 동안, 주변의 지리 조사, 생태계 관찰, 자연 실험, 그리고 19세기 상황, 컨스터블의 생애와 그림 등 여러 분야를 통괄하는 공부를 하면서 각자 내용과 관찰 일지를 작성하고 그림을 그려 책 한 권씩을 만들어 냈다.

학교 공부는 언제나 아이들을 생활 현장, 바로 그 주변의 삶과 사람들에게 연결시켜주는 방향을 취한다. 우리에 비하면 아주 실제적이고 효율적이다. 지식을 마치 체내에 흡수시키듯 자기 것으로 삼도록 한다. 쉽게 말해서 온 몸으로 배운다고 보면 되겠다. 그래서 한국 아이들보다 수업 시간에 더 많은 에너지를 쓴다고 할 수 있다. 창의력과 상상력을 동원해야만 하는 그런 공부를 하면 당연히 집에서는 쉬고 놀아야 한다. 에너지 재충전이 되어야 할 수 있는 고품질, 유기농 공부다.

C 학교 고학년 때에는 에세이를 쓰고 책을 만들라는 숙제가 여러 번 있었다. 선생님은 주제의 큰 범위만 정해준다. 유럽 고대 역사 중에서 하나, 세계 여러 나라 중에서 하나, 세계의 유명 인물 중에서 하나, 그런 식으로. 아이들은 인물 연구에서 마틴 루터 킹 목사를 택하기도 하고, 엘비스 프레슬리 가수를 택하기도 한다. 어떤 주제이건 근거를 들어서 체계적으로 기술하는 법을 훈련함이 관건이므로, 재미있게 할 수 있으면 된다.

해가 갈수록 저학년에게도 간단한 산수 셈하기 등 숙제를 주는 쪽으로 교육이 변하고 있고, 고학년에겐 묵직한 과제도 주어

진다. C 학교에서 첫 학기 동안은 아직 잘 정착되지 않아서인지 숙제가 탐탁지 않았지만, 에세이를 써오라고 한 이후로 필자는 사실상 아이의 공부에 대해 무장해제를 했다. 한국에 살았다 해도 이 같은 학습을 별도로 시킬 꿈을 꾸었었는데, 이렇게 학교가 해주니 고마울 따름이었다. 지금도 아이에게 숙제를 성실히 하라고 간혹 당부하는 것이 공부에 신경 쓰는 대부분이다. 그 외에는 돌아갈 것을 대비해 한국 산수 연습문제를 해보게 했다. 우리말 어휘력이 부족하니 용어에 익숙해지라는 의도였다. 한 과목이라도 낯익으면 적응에 도움이 될 거라는 희망이었는데 그나마도 중단 상태다. 한자를 익히게 하고 싶으나, 엄마도 제 공부하기 바쁜데다 우리 국어를 제대로 공부할 수 없는 상태에서는 어려운 일이다.

수업에서 선생님은 주로 기본 내용만 전달하고 질문으로 생각하도록 유도하고 또 참고서를 많이 활용한다. 한국식 교과목 참고서가 아니라, 학생용 백과사전류나 전문 교재를 말한다. 여기는 잘 알려져 있다시피 학습의 질을 높일 수 있는 관련 자료와 책이 많이 축적되어 있다. 그래서 학교 공부는 참고 서적과 이야기책을 두루 갖춘 시립 도서관을 자연스럽게 끌어들인다. 콜체스터 시립 도서관에서 초등학생용 역사 코너에는 '고대 그리스' 한 주제만 해도 그림과 설명이 잘 곁들여진 제각기 다른 책이 32권이나 있다. 여러 책들을 뒤적이며 읽고 목차를 만들고 내용을 비교 정리하고 필수적인 그림을 본떠서 그려 넣고 하다 보면, 강의

듣는 것보다 더 오래 기억에 남을 것 같다.

콜체스터가 좁은 데다 친척도 없어서 놀만큼 놀고도 토요일이 심심한 우리 두 아이는 학교에서 빌린 책을 읽기도 하고 타운의 도서관도 자주 들른다. 엄마가 할 일이란 읽을 책이 동나지 않도록 때맞춰 빌려다 놓는 것. 읽을거리가 있으면 매일 들여다본다. 그냥 생활이다. 타율적이며 소유양식적인 공부가 아니다. 자유롭고 존재양식적 공부가 가능한 생활 환경이며 사회구조다.

연계 학습

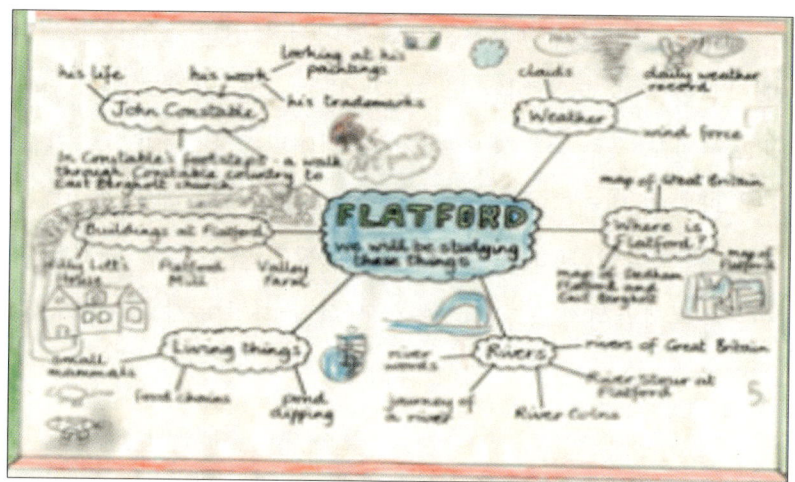

3학년(7살) 때, 존 컨스터블기념관이 있는 플랏포드로 2박3일 학습 여행을 갔다. 선생님은 학습 계획안을 나누어 주었고, 아이들은 자신이 만드는 주제공부 책에 이 학습안을 붙인다.

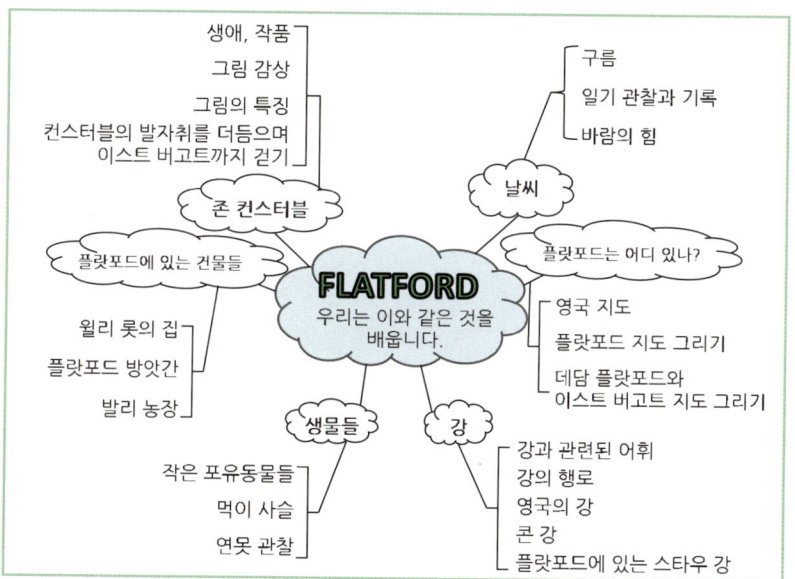

이야기 책 만들기

아이가 만든 이야기 책의 부분이다.
이처럼 스스로 이야기를 짓고 적절한 그림을 그려 넣어서 자그마한 한 권의 책으로 엮기도 한다. 담임선생님은 반 아이들의 이야기 책을 모아 시립 도서관에 전시하는 기회도 만들어 주었다.

'고대 그리스' 토픽 북

표지, 차례, 마지막 쪽 (5학년, 9살)

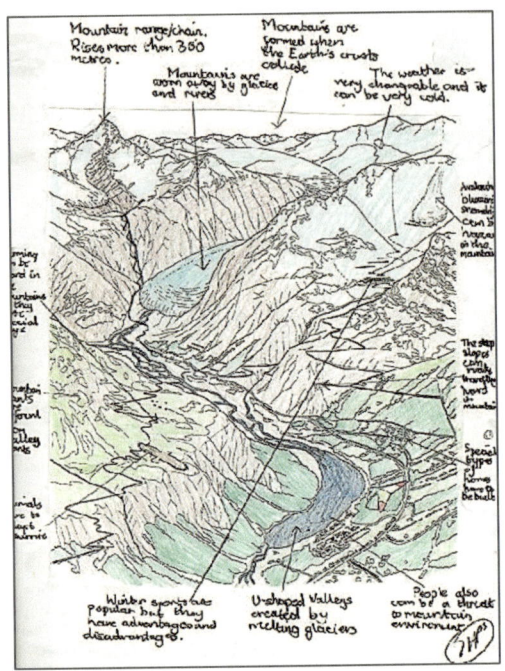

'산'Mountains 토픽 북, 차례, 한 쪽 (6학년, 10살)

Contents	
Title	Page
The Mountain Environment	3
What are Mountains?	4
What are Mountains? (2)	5
How Mountain Chains are Formed	6
Ice in the Mountains	7
Blizzards and Snowdrifts	8
Avalanche	9
Mountain Plants	10
The Pyrenees	11
The Landscape around Mt. Snowdon	12
~~are~~ Special Homes in Mountains	13-14

산의 환경
산은 무엇인가?
산은 무엇인가? (2)
산맥은 어떻게 형성되나?
산의 얼음
눈보라와 눈더미
눈사태
산 식물
피레네산맥
스노든 산 주변의 풍경
산의 특수 거처

3 고단백저칼로리 학습

4 상과 벌

늘 어수룩해 보였던 그 아이가 새롭게 보였다….

그 아이에게 그런 끈기가 있었고,

선생님은 그 장점을 소홀히 여기지 않고 상을 줌으로써

자신의 가치를 알게 해준다. 최상의 교육이다.

모든 사람에게 동등한 가치를 부여하는

위대한 정신이다.

영국 학교에서 상과 벌은 대단찮다. 한국에 비하면 대수롭지 않은 게 상이고 벌도 색다르다. C 학교에서는 교장 선생님의 방침인지 상이 다양했고 상 받는 것을 돋보이게 했지만, 그 외 다른 학교에서는 상이라 할 것도 없는 그런 것이었다. A 학교에서는 받아쓰기나 산수를 잘 하면 종이 쪽지에 불과한 '상'을 주었는데 B 학교도 비슷했다. D 학교에서는 수업 중의 쪽지 시험이나 작업에 점수를 매겨놓았다가 일정 선에 이르면, 가령 1점짜리가 25개 모이면, 상장을 넌지시 건네주는 식이다. 그냥 '홈^{학급} 포인트 25'라고만 써놨으니 덤덤한 느낌이다. 아이도 슬쩍 던져놓고 만다. 하지만 신통찮아 보이는 그런 상도 계속 받으면 학업을 잘 감당하고 있다는 표징은 된다.

갖가지 덕목을 추켜세워 주는 상

C 학교의 상급제도가 유별나다고 생각하고 있었는데, TV를 보니 그렇게 하는 학교들이 적지 않았다. 의욕이 넘쳤던 C 학교 교장 선생님은 다양한 상장 종류 중에서 취사선택해서 신설 학교에 적용했나 보다. 400명 남짓의 전교생 아침 모임을 거의 매일 했고, 시상식은 주로 금요일에 했다. '선생님 상'Teacher's Award이라 쓰인 16절지 종이 아랫부분에는 담임선생님이 상 주는 이유를 쓰고 교장 선생님이 서명하게 되어 있다.

노력, 진보, 성취, 선행 이런 측면에서 상을 준다. 금요일 시상 시간에 몇 번 가보았는데, 시상의 제목을 최대한 동원해 본다.

이번 공작과 그림 그리기를 잘 했다.
자연 관찰을 꾸준히 잘 했다.
글씨 쓰기가 나아졌다.
책 읽기에서 크게 진보했다.
행실이 점잖아졌다.
친구를 잘 보살폈다.
이번 행사 때 선생님을 잘 도왔다.
맡은 일을 끝까지 열심히 했다.
주변 상황에 잘 대처했다.
받아쓰기를 전보다 훨씬 잘하게 되었다.
훌륭한 시를 썼다.
그림이 뛰어났다.
달리기를 잘 했다.
체조를 잘 했다.
연말 공연에서 노래를 잘 불렀다.
숙제가 훌륭하다.

시상의 기준과 정신을 좀 더 잘 이해하기 위해서 일부 상의 제목을 영어 그대로 옮겨 보자.

Excellent questions on his probability game
게임을 잘 만들었다. [각자 게임을 만들어 와서 반에서 함께 즐긴다.]

A brilliant improvement in writing
글씨체가 매우 좋아졌다. [글씨를 바르게 쓰는 것을 중시한다.]

A fantastic effort on the last 4 pieces of homework
숙제를 열심히 했다.

Enthusiasm towards extra homework
주어진 과제 이상으로 했다.

Excellent story writing skills
글짓기를 잘 했다.

Stepping into Joseph's role in the Christmas performance at the very last moment
크리스마스 공연 직전에 요셉 역을 맡아 해냈다.

Working hard and always being sensible
열심히 공부하고 항상 사려 깊게 처신한다.

Always producing work to the best of his ability
학업에 항상 최선을 다한다.

Brilliant work with numbers
산수 셈을 잘 한다.

His presentation of 'The bear and the hare'
'곰과 산토끼' 시를 지어 낭독했다.

A brilliant book about ants
개미 토픽 북을 잘 만들었다.

Helping run the school book shop
독서 주간 행사에서 책 가게 운영을 도왔다.

신설 C 학교 첫 해에는 '선생님 상'만 있더니, 이듬해부터 상을 추가했다. 1년에 10번 선생님 상을 받으면 학년말에 학교장 상장에다 학교 로고 배지를 상품으로 주었다. 그리고 학년별로 1년 종합 진보상, 노력상, 성취상도 주었다. 상 받는 아이들은 학교 통신문에 다 실린다.

재미있게도, 통신문의 수상자 명단에서 선두에 보이는 이름은 진보상을 받은 아이들이다. 다음해에도 마찬가지였다. 무엇이든 노력하고 나아진다면 먼저 칭찬할 일로 여기고 추켜세우는 것이다. 그 다음엔 노력상, 성취상, 선행상의 순서였다. 학업 면에서 성취상을 받으면 이듬해에 또 잘해도 다시 주지 않았다. 두 번

초등학교는 보통 이런 모양으로 **전체 모임**을 한다.
오늘은 좀 특별한 학년말 시상식 날. 상장 수여는 이사회 대표 학부모가 하고 교장 선생님은 옆에서 거들고 있다. 초등학교에서 교장 선생님들은 학교생활을 이끄는 모든 면에서 이 같은 자세(servant-leadership)를 나타낸다.

째로 잘하는 아이 몫으로 돌렸다. 해마다 가장 잘 하는 아이에게 주기로 한다면, 뛰어난 아이는 계속 받기 쉽다. 그것은, 앞에 열거된 시상의 이유들이 나타내듯이, 이 시상제도가 의도하는 바가 아니다.

필자가 초등학교 시상 과정과 학교생활 전체를 관찰하면서 받은 확고한 인상은, 어떤 능력도 어떤 인간 유형도 더 중요하지도 덜 귀하지도 않다는 사상이 참으로 농밀하게 이들 속에 내재되어 있다는 점이다. 공부 잘 한다고, 특기가 있다고, 예능에 뛰어난 재능이 있다고 해서 보통의 자질을 가진 아이보다 더 주목하거나 은연중이라도 추어주며 입에 올리는 일은 교사도 어떤 부모도, 따라서 아이들도 하지 않는다. 아예 그런 의식이 없다. 그러니 공부를 잘 하든 못하든 아이들은 자기는 물론 친구들의 학업 성취도에 개념도 관심도 없다. 생긴 대로 자연스럽게 산다.

도리어 어떤 유형을 특별 대우하는 경향에 저항한다고 함이 맞겠다. 성적으로든 무엇으로든 비교하는 것을 거의 죄악시하는 의식이 엿보인다. 사람은 제각기 다른 지능과 성향과 자질을 타고나는 것이고 또 서로 달라도 가치는 동등하다. 따라서 똑같이 존중 받아야 한다는 것이다. 좋은 두뇌로 태어난 아이가 공부 잘 하는 것은 당연하고, 달리기에 재능 있는 아이와 소질 없는 아이가 같이 뛰면 누가 더 잘 달릴지 쉬이 예상할 수 있다. 노력의 결실은 기꺼이 축하하고 칭찬할 뿐이다. 자식이라도 인간으로서 누리는 자유를 침해할 수 없다. 즉 자기 아이에게 자질 이상으로 공

부 잘하라고 강요하지 않는다. 거듭 말하지만, 이들의 의식에는 뭐 하나 잘하는 것과 성공적인 인생과는 별로 관계가 없다. 다수가 그렇게 되고 싶어하는 성공 인생 타입, 그런 것은 영국에 없다.

매주 전교 학생의 10퍼센트 가량이 상을 받으니, 상이라기보다 격려라고 하면 되겠다. 마치 모든 아이에게 상을 다 주고야 말겠다는 듯이, 독특한 제목을 달아서 준다. 3학년에 자기 이름을 겨우 쓸 줄 아는 아이도 뭔가 상 받을 부분이 있어서 여러 번 받았다. 이웃에 살면서 작은아이 단골 방문객이었던 그 학습 부진 친구가 하루는 또 놀러 왔기에, 필자는 작은아이가 너 보러 갔다고 말하고는 잊고 있었다. 근 한 시간 만에 다시 온 이 친구는 우리 아이를 못 만났기에 자전거를 타고 다 가봤는데 없더란다. 순간 걱정이 되면서도 –똑같은 이름을 가진 다른 친구 집에서 놀고 있었다– 평소 놀이터에 더해 멀리 두 군데까지 살폈으니, 늘 어수룩해 보였던 그 아이가 새롭게 보였다. 할 일 없고 친구 아쉬워 그랬다고 할 수만은 없다. 그 아이에게 그런 끈기가 있었고, 학교생활에서 선생님은 그 장점을 소홀히 여기지 않고 상을 줌으로써 자신의 가치를 알게 해준다. 최상의 교육이다. 모든 사람에게 동등한 가치를 부여하는 위대한 정신이다.

시상제도가 어떠하든 학교들이 아이를 다루는 태도는 한결같다. 교육상 하는 것이 아니라, 오랜 시간 체득되어서 생래적인 것으로 보인다. 그래서 어린이와 노인을, 사회적 약자를, 특히 장애인을 잘 배려한다. 그들도 똑같은 가치를 지녔으므로 같은 권

리를 누리게 해야 하는 것이다. 장애인을 배려하는 마음 자세와 처우의 정도가 그 국민의 인간 존엄성 향유 수준을 반영한다. 어떤 나라에서 장애인들이 불편과 어려움을 많이 겪는다면, 그 국민 일반 사이에서 서로 존중함의 정도도 변변찮으리라 본다.

선진국이 뭘까. 누구라도 동등하게 대해야 한다는 신념을 모든 국민이 간직하고 있고 그 신념대로 살려고 하며, 그 사회적 성취를 위해 꾸준히 노력함을 국가의 진로로 삼는 나라가 선진국이다. 그 가치가 손상될 위기에 처했을 때, 자신의 것을 떼어 내놓으며 대항할 준비가 된 시민 보유량이 많은 나라가 선진국이지 싶다. 어떤 아이라도 가치 있는 존재로서 인격적으로 대하는 어른이 많은 나라가 앞선 나라다.

가장 중요한 덕목

그래서 영국 교육이 가장 중시하는 부분은 도덕성, 곧 시민의식이다. 앞서 시상의 사례에서도 보듯이, 잘 돕고 잘 배려하는 것은 학업을 잘하는 것 못지않게 가치 있는 능력이다. 상 주어야 한다. 교사는 아이들이 수업을 잘 따라주기를 바라는 만큼, 아니 그 이상으로 시민적, 신사적 행실과 품성을 습득하도록 가르치고 신경 쓴다. 학습 능력은 다 다르기에 뒤쳐져도 괜찮지만, 행실이 좋지 않거나 다른 사람을 괴롭게 해서는 안 된다. 사실상 시민의

식 체득을 11학년까지 의무교육의 제1 과제로 여기는 것 같다. 아이들도 행실 면에서 모자라는 급우는 짐짓 조롱한다.

C 학교 전체 모임을 처음 참관했을 때였다. 먼저 교장 선생님은 강당 바닥에 앉은 아이들과 인사를 교환한다. 그리고 교훈을 말하도록 한다. 아이들이 리듬에 실어 읊는 교훈이란 '서로 존중하자, 친구가 나에게 친절하기를 바라는 만큼 내가 친구에게 친절하게 대해 주자'이다. 주변 사람을 항상 배려하는 훈련을 하는 것이 학교생활의 중심이다.

흔히 서양인의 황금률로 알려진 그 성서의 금언은, 외피 형태로 남겨진 기독교를 발목까지 벗어 내린 것 같은 지금의 영국에서도 아직은 중추적인 생활철학으로 자리하고 있다. TV 토론 프로그램에 나온 어떤 인사도 자신은 반反기독교 쪽이어서 기독교의 '기'자도 관심이 없지만 그 황금률을 생활의 좌표로 삼고 있다고 했다. 그 이상 가는 사회원리가 어디 있겠냐는 것이다. 그러니까 그의 말은 관념이 아니라, 자기가 속한 사회가 그 원리에 힘입어 유지되어 왔음을 실토한 것이다.

초등 의무교육이 법제화된 때는 1870년 무렵이고, 그 이전까지 돈이 없어 공부 못 시키는 빈곤층 자녀에게는 교회와 신자들이 기부와 자원봉사로 무상 초등교육을 제공했다. 20세기 들어 중앙정부가 교육정책을 주도하면서 신앙과 무관한 교육이 흘러들게 되었으나, 이들의 문화로 보건대 기독교적 원리를 벗어난 교육은 생각하기 어려웠다. 그래서 생활원리가 되고 또 교육 속

에 녹아든 '서로 존중하자! 친절하게 대하자!'Respect each other! Be nice!라는 철칙은 오늘도 살아있다. 20세기 끝 무렵에 와서야 학업 성취를 좀 더 강조하게 되었을 뿐이다. 국가 정체성의 본질이 훼손된 적이 없는 이들에게 품행교육은 전통적인 현실 문제다. 바른 생활과 윤리 교육을 따로 하지 않아도 된다. 시민적 지성 계발이 교육의 한 바퀴라면, 다른 한 바퀴는 시민적 덕성 습득이다. 어느 한 쪽을 약하게 다루면 영국 교육을 오해하게 된다.

교육에 대한 부모들의 일차적 관심 역시 이 행실 부분이다. 집에서 어쩌는지는 불문하고, 일단 집 밖에 나서면 아이들에게 '예의 차려!'Be good! Behave!라고 주의를 준다. 아이가 말하기 시작할 때부터 '감사합니다, 실례합니다, 미안합니다'Thank you, Excuse me, Sorry 그리고 배려의Please 용어들을 시의적절하게 사용하도록 가르친다. 그저 매너를 지도하는 것이 아니라, 사람을 대하는 마음 자세를 갖추게 하는 것이다. 아이가 모면하려 건성으로 '쏘리'라고 하면, 자기 잘못을 분명히 알도록 거듭거듭 말하게 한다.

방과 후 교실 문을 나오는 아이에게 엄마는 "잘 했니?"(Have you) been a good boy?라고 한다. 이 '굿'good이 '착하다, 고분고분하다'라는 수동적인 뜻보다는 '(상황을 살펴서) 잘한다'는 능동적인 의미를 띤다. 교사가 이 말을 할 때는 규율과 지도를 잘 따르는 태도와 아울러 다른 사람을 배려하는 자세를 포함한다. 급우를 살피면서 스스로를 조절할 줄 알아야, 이웃과 사회 공동체를 염두에 두고 처신함이 몸에 밸 것이기 때문이다. −뒤에 있는 학습

보고서에 잘 나타나 있다-. 우리 식의 예절이나 공손함과는 다른 면이 있어서, 타인에게 해가 되지 않는 한에서는 주변의 시선을 의식하지 않고 자유롭게 산다. 우리 기준에서 보면 '영국 상놈'이라 할 만한 것이 더러 있다. 그렇지만 눈여겨볼 점은, 학교에서 가르치는 바와 사회에서 통용되는 가치관이 같을 뿐 아니라 그 실천 또한 학교 안에서나 바깥에서나 똑같이 한다는 것이다. 나의 권익이 소중한 만큼 다른 사람의 권익도 귀하게 여기고 존중한다는 것이 그 핵심이다. 그래서 먼저 양보하기를 잘 하고 규칙을 잘 지키면서 정직하고 친절하게 행한다. 친절이란 상대방의 형편을 한번 더 헤아리는 마음에서 비롯되는 것이 아닐까. 영국의 개인은 한국의 개인보다 더 편안하면서 자유롭게 살고, 사회 또한 더 합리적으로 잘 돌아간다.

아이들은 일찍부터 학교에서 자신의 이익이나 감정을 공동의 이익과 구별하는 분별력을, 공동체의 유익을 살피며 자기를 통제하는 자세를 익힌다. 지금 아무리 권리를 강조한다 하더라도, 실생활에서는 그리고 배움의 현장에서는 시민의 본분을 우선시하는 전통이 두텁게 깔려 있다

노티 노티

학교생활에서 상이 필수이듯 처벌도 의당 따른다. 행실이나

학습 태도가 불량한 아이는 어디서나 있기 마련이다. 이런 경우를 '굿'good의 반대 뜻으로 '노티'naughty라 칭한다. 체벌이 금지된 상태에서 교사들은 골치 아픈 노티 보이, 노티 걸을 지도하려고 머리를 짜고 애를 쓴다.

    B 학교에서는 말 안 듣는 아이가 드물었지만, 평균적 학교였던 A와 D 학교에서는 곤란한 아이들이 당연히 있었다. 어찌 다 굿 보이, 굿 걸이겠는가. C 학교에서는 그야말로 돋보이는(?) 노티 보이가 몇 있었다. B 학교에서 편하고 유쾌하게 지냈던 큰아이가 C 학교로 옮기고는 몇 달간 힘들어했다. 가정환경 탓인지 거칠고 산만한 아이가 많았기 때문이다. 성가시게 한다고 자주 투덜거리더니 한번은 큰 야단을 맞았다. 신설 학교 초기 4, 5, 6학년이 한 반인 데서 가장 어렸고 원래 노는 데는 빠지지 않는 아이가 거친 아이들 가운데서 그때까지 당해 보지 못한 '중국인'^{아시아인을 놀릴 때 흔히 쓰는 말. 억양에 따라서는 쫑국놈} 놀림을 받았다. 시시콜콜 말할 줄 모르는 큰아이는 급우들의 일방적인 고자질의 결과로 벌을 받았다. 벌이란 쉬는 시간에 나가 놀지 못하고 교실에 있어야 하는 것인데 아이들에겐 중벌이다. 이 벌을 한 번 더 받았는데, 그때는 빈정거리며 대드는 여자아이를 밀어서였다. 남자가 여자에게 손을 대 울게 하는 것은 용납하지 못할, 거의 야만적 행동이다. 그 쪽에서 먼저 잘못해도 막무가내로 남자 잘못이다. 벌이 효과가 있었다. 그 후 아이는 똑같은 상황이 벌어지면 피하거나 벌 받지 않는 방법으로 해결했다. 아이는 제법 고민하며 극복했고, 우

4 상과 벌

리 부부는 좋은 교육이라 여겼다.

책벌의 첫 단계는 선생님이 이름을 불러 꾸지람하거나 교실 한 쪽에 한 동안 세워둔다. 빅토리아시대에는 벽의 고정된 끈에 뒤로 손을 묶어 꼼짝 못하게 하거나 골방에 가두기도 했었다. 일정 단계를 넘어 더 문제를 일으키면 방과 후에 혼자 남긴다. 주로 공부 시킨다. 집에 가 놀지 못하고 덩그러니 싫은 공부를 해야 하니 다시 받고 싶지 않은 벌이겠다.

가장 무거운 벌은 교장실에 불려가고 부모를 데려와야 하는 것이다. 초등학교에서 그 이상으로 하기는 어렵다. 중등학교에서는 최후로 유기 정학도 시킨다. 교장 선생님이 말썽꾸러기를 어찌 다루는지 자세히 모르겠지만 추측은 어렵잖다. 아이를 붙들고 훈도하는 것이 대부분인 것 같다. 알아듣도록 설명하며 어리석은 행동의 결과가 무엇인지 깨우쳐주고, 부모와 의견을 주고받아서 학교와 가정에서 같이 고쳐나가도록 일종의 공동 대처를 한다. 어떤 교장 선생님은 한 무릎을 꿇어 아이의 눈높이에 맞추고는 꼭 무슨 사정하는 듯이 애절하게 타이른다고 한다. C 학교에서 몇 아이는 수 차례 교장 선생님께로 넘겨졌는데, 정성을 다해 훈도하는 모습을 보고 마음이 훈훈했다. 큰아이가 알려주기도 했거니와 그 엄마들이 오가면서 보인 표정에서 넉넉히 짐작할 수 있었듯이, 그 아이들은 점점 나아졌다. 뒤에 보겠지만, 초등학교 교장 선생님이 얼마나 일이 많은지, 1인 몇 역을 하는지 참작하면 높이 사 줄 일이다.

아이들은 서로 싸우거나 분쟁이 있어서는 안 되는데, 어쨌든지 먼저 선생님께 알리는 것이 원칙이다. 선생님이 중재하고 해결해야 한다는 것이다. 쪼르르 달려가 보고하거나 고자질하는 일에 익숙지 않은 한국 아이들로서는 불이익을 당하기 쉬운 부분이다. 교사로서도 빈번한 일러바침에 일일이 대응하기 어렵고, 한 아이의 반복되는 잘못이나 더 큰 잘못을 다룰 수밖에 없다. 특히 C 학교의 첫 해에 그런 일이 많았고, 그럼에도 해가 다르게 나아졌다. 교장 선생님은 동네 상황을 파악하고 아이들의 행동거지를 예상했던지, 기강을 잡기 위해 초기 1년간 예외적인 경우 외에는 쉬는 시간마다 운동장에 나와서 같이 시간을 보내며 싸우거나 따돌리는 짓을 미리 막았다. 게임을 리드하고 아이들과 놀면서 서로 부딪히지 않도록 주의를 기울였다.

첫 해에 행사 때 가보면, 영국에서는 참으로 보기 드물게, 아이들이 경직되었다 싶을 정도였다. 우리 두 아이도 학교가 너무 잘해보려 한다며 부자연스럽다는 뜻을 나타냈었다. 그러나 2년차에는 훨씬 부드러우면서 규율이 잡혀 있었고, 3년 차에 공연이나 행사는 자연스럽고 자신감에 차 있으면서 정중했다. 아이들은 즐기면서 잘해냈다. B 학교의 품격이 아이들의 좋은 가정 배경과 관련 있었던 점을 상기하면, C 학교의 변화는 참 놀라운 것이었다.

중등학교에서도 벌은 비슷한 것 같다. 쉬는 시간에 못 나가게 하거나, 교실에 혼자 남아 숙제 하게 하거나, 더러는 잘못한

내용을 쓰라고 하는 모양이다. 공부 잘한다는 아이들이 모인 그래머스쿨에서도 숙제를 몇 번 거르거나 수업 시간에 이야기하다가 벌 받는 경우가 있다고 한다. 소풍 끝에 버스 앞 집합 시간을 10분 지각한 몇 명은 '늦지 않겠습니다'를 천 번 써 오라는 벌을 받았단다!

결석이 잦거나 폭력적인 문제아를 퇴학시킬지 정학시켰다가 다시 받아줄 것인지 고민한다는 뉴스를 간혹 듣는다. 얼마 전에는 교직 25년 차 여 선생님이 고집스럽게 반항하는 아이를 한 대 때렸다고 고소를 당했다. 원칙을 어겼기 때문이다. 그 선생님은 당당했고 많은 교사가 지원을 보냈다. 재판을 거쳐 무죄 판결을 받고 동료 교사들의 박수 속에 법정을 나왔다. 그러나 시 당국은 그녀를 즉시 복귀시키지 않았다. 아마 선례가 될까 봐 우려한 탓이 아닌가 한다.

영국은 가정이 급속히 무너지면서 가정교육이 많이 나빠지고 있다. 그래서 자연히 학교와 교사가 떠맡는 짐이 많아졌고, 행실교육이 중요하니 만큼 교사들이 힘겨워하고 있다.

5 평가

아이 개인이 교육의 목표를 따라가는 과정이 중요하지,
아이들끼리의 우열은 아무 의미가 없는 것이다.
영국 학교에는 성적 비교 공해가 제로다.

영국 학교의 1년은 3학기제로 되어 있다. 첫 학기는 9월부터 12월 중순까지이다. 2주간의 짧은 겨울방학을 보내고, 1월 초부터 부활절 직전까지가 봄 학기이다. 마지막 여름 학기는 부활절 2주간의 봄방학 다음부터 7월 중순까지 계속된다. 그리고 각 학기 중간에 1주일간의 쉼Half-term을 갖는다. 학교마다 법정 일수만 지키면 재량껏 조절할 수 있다. 바로 옆 동네라도 개학 날짜가 다르기도 하다. 사립학교는 더 자유롭게 하고, 대학은 여름방학이 장장 몇 달씩이나 된다.

성숙한 사람

1년 3학기 과정에서, 담임교사와 학부모는 공식적으로 한두 번 면담한다. 주로 학년 초와 말에 한다. 통신문을 보내 시간을 조율한 뒤 교사가 반 전체의 시간표를 짜서 알려준다.

10분 면담하는 동안 교사는 아이의 학업 수행 정도, 교우관계, 행실에 관해 얘기해준다. 칭찬하거나 신경 써야 할 부분을 일러준다. 물론 부모도 아이에 대해 물어보거나 의견을 말할 수 있다. 그리고 반 전체의 학습장과 작업 결과물을 진열해놓고 있으므로, 부모는 무엇을 배우는지 잘 하고 있는지 살펴볼 수 있다. 아무도 다른 아이의 학습장을 들추어 보거나 기웃거리지 않는다.

중등학교의 면담에서는 부모가 담임 뿐 아니라 교과목 교사

를 다 따로 만난다. 미리 짜인 시간표에 따라 하루 저녁에 10분 단위로 아이가 배우는 모든 과목 선생님을 차례로 만난다. 담임교사는 역시 학습 태도, 교우관계, 행실 등 전반에 대해 알려준다. 심지어 아이가 도서관에서 어떤 책을 빌려보는지 파악하고서 고전 명작을 읽도록 지도해 줄 것을 부모에게 당부한다. 학과목 교사는 주로 학습에 비중을 두고 아이의 상태를 짚어준다.

큰아이 7년, 작은아이 4년, 이렇게 많은 면담을 하면서 교사들에게서 느낀 점은, 우리가 소위 말하는 '전인교육' 정신이 확고하다는 것이다. 전인교육이 우리에겐 버거운 목표일지 모르겠으나, 그들에겐 당연지사로 보인다. 또 무슨 다른 교육이 있느냐고 되물을지 모르겠다. 초등학교 면담에서 교사는 공부에 관해서는 간단히 언급하고 행실과 교우관계를 중히 다룬다. 중등학교에서는 학업에 대해 조금 더 설명하긴 해도 역시 담임교사의 관심은 어느 부분에 치우치지 않는다.

큰아이는 4, 5학년 2년간 같은 선생님이었는데, 그 선생님과의 면담이 기억에 남는다. 언급했듯이, 4학년 때 이 신설 학교로 옮겨온 아이가 학년 내내 질문을 많이 한 모양이다. 거의 완벽하고 부드럽게 돌아가던 이전 학교와 다른 점이 많아서 이것저것 따져 묻는 식이었나 보다. 그때까지 긍정적인 평가만 받은 이 아이에게 선생님 자신도 적응하느라 신경 좀 썼노라고 했다. 그리고 5학년말에는 아이가 무척 성숙해졌다며 흡족해했다. 다른 의견과 관점에 주의를 기울여 듣게 되었다고 자세히 설명했다. 아

이의 성장 뿐 아니라 그런 부분을 지적하고 관심하는 선생님을 대하니 참 흐뭇했다. 부모와 교사가 바라는 바가 같으니 얼마나 고마운지.

　　5, 6학년 상급생이 되면 학교생활 전체에 더 깊이 참여시키면서 고학년으로서의 책임감을 느끼고 감당하도록 가르친다. 행사나 전체 모임의 운영 등을 맡기고 또 저학년을 돌보게 한다. 어떤 아이는 저학년 학급에 가서 책 읽기를 돕기도 한다. 말썽꾸러기 아이도 뭔가 있는 자질을 포착해내서 예외 없이 적재적소에 배치시킨다. 그렇게 해서 주위 사람에게 필요한 존재로서 자기를 재발견하게 하고 스스로 책임지는 자세를 익히게 한다. 감탄할 일이다. '의젓하고 책임감 있게 행동하라'는 '머츄어'mature를 거듭 강조하고 또 훈련하도록 지도한다. '성숙한 사람', 이것이 이들 교육의 진정한 목표다. 미흡한 우리 아이도 한 해가 다르게 나아지고 있음을 실감할 수 있었다.

　　학업에 대한 언급도 구체적이다. 6학년초에 만났을 때, 선생님은 큰아이가 작문을 간단명료하게 한다면서 좀 더 살을 붙여 쓰도록 자신도 주의를 기울일 테니 집에서도 환기시켜주기를 부탁했다. 학년말이 되니 선생님은 다르게 얘기했다. 한 해를 지내보니 그게 이 아이의 생김새이니 그냥 두라는 것이었다. 수식어나 세세한 표현을 하지 않는 것이 타고난 성향임을 알았으므로 굳이 고치게 할 필요가 없다고 했다. 아이가 가진 고유한 부분에 얼마만큼 주목하고 존중해 주는지 우리 학교나 부모가 새겨볼 일이다.

일관성 있는 사람

학업 평가는 학년말에 교사가 문서로 작성해서 집에 보낸다. 교사는 아이를 꾸준히 관찰한 면모를 학습 보고서에 객관적이고 진솔하게 묘사하고 있어서, 보고서를 통해 부모는 아이의 학교생활의 총체적인 모습을 알 수 있다.

영국 학교나 사회에서 사람에 대한 평가는 대부분 축적된 평판과 기록에 의거한다. 즉 그 사람이 지나온 행적의 일관성에 근거해서 판단한다. 단기간의 만남이나 일의 결과로는 제대로 판단하기 어렵다는 얘기다. 그러니까 어느 한때 몰아서 잘해보는 식은 잘 통하지 않는다.

가령 융자로 집을 살 때도, 현재 재정 상황은 물론 그때까지 꾸려온 경제생활의 기록이 중요하다. 지난 몇 년간 월세를 거르지 않았는지, 금전 관계에서 신용이 있는지 확인하려고 은행 기록을 동봉하게 한다. 의심쩍으면 이전 거주지의 중개인이나 집주인을 통해 성실성을 알아보기도 한다. 그래서 집 매매에 변호사가 반드시 개입하고, 지금 돈을 잘 버는 업자보다는 안정적인 월급쟁이가 더 수월하게 융자받곤 한다.

사람을 평가할 때 살아온 맥락을 중요하게 다루므로, 어찌 보면 더 냉혹한 기준이다. 평가서나 추천서에 평소와 다르게 행동한 것이 적혀있다면 해명되어야 한다. 거듭 예외적인 행동을 하면 또 다시 그럴 수 있다고 여겨진다. 사람을 쉽사리 판단하지

않는 대신, 기록상의 평가는 항상 참고 자료가 되고 효력을 발휘한다.

일관성 있는, 즉 예측할 수 있는 사람을 신뢰한다. 한국 유학생 중에는 이런 면에서 실패해서 교수를 당황스럽게 하고 사이가 좋지 않게 되어 어려움을 겪는 경우가 이따금 있다. 더러 일관성 없이 굴어도 크게 문제 삼지 않는 우리와 달리, 이들은 두어 번 말과 행동이 어긋나면 경계 신호가 작동하기 시작하나보다. 다들 사실대로, 있는 그대로 말하기 때문에 앞뒤가 맞지 않게 말하거나 행동하면 곧 드러나게 된다.

필자는 40이 다 된 나이에 다시 공부를 시작했다. 첫 2년간 지도교수의 평가서를 봤을 때는 내용이 정확하다 못해 서늘한 느낌을 받았다. 사진 찍어 놓은 듯이 빠짐없이 학업 과정을 적어놓았다. 매번 개인 미팅 후에 기록을 해둔다는 것을 알고 있었지만 말이다. 마치 내가 이 기록 속에 갇힐 것 같은 불편함을 느꼈다. 좋은 평가도 기분 좋기보다는, 다음에 잠시 한눈 팔면 다 적힐 거라는, 오히려 긴장감을 주었다. 어떤 학생은 자기를 높게 평가했던 지도교수에게 가뿐한 마음으로 직장 추천서를 부탁했었다. 나중에 알고 보니 추천서에는 '이 학생이 한때 공부를 잠시 놓고 있었는데'라는 부분도 적혀있었다고 한다. 결정하는 사람들을 위해, 제대로 선발할 수 있도록, 거르지 않고 지나온 과정을 알려준다. 추천서와 평가서를 정직하고 객관적으로 쓸 줄 알고 또 그것을 그대로 받아들이므로 검증의 시간과 작업이 많이 들지 않는다.

신뢰와 편리가 함께 갈 수 있고 그만큼 군더더기가 적은 사회이다. 평온하고 느슨하게 보여도 이 사회는 보이지 않는 치밀한 그물망이 쳐진 듯 결코 허술하지 않다.

학습 보고서가 말하는 것

이제 초 중등 학교에서 하는 학생 평가의 예를 들어보자. 우선 4년 6개월 나이에 입학하는 초등학교 1학년의 사례를 우리말로 옮긴다.

학습 보고서^{부록 참조}

학생 이름: 제임스 봉드	생년월일:	학년: 1

| 언어:
읽기
쓰기 | 제임스는 말하기와 듣기 활동에 항상 주의 깊은 자세로 임합니다. 어휘를 잘 습득하고 다양한 상황에 맞게 잘 활용합니다. 제임스는 스토리와 설명을 집중해서 듣고, 도와주지 않아도 자신의 작업 결과, 아이디어, 의견을 설명할 줄 압니다. 읽기를 정말 열심히 해서 빠른 진보를 보였습니다. 그는 시각 어휘력이 좋아서 조금만 도와주면 그림, 문맥 상황, 음 신호를 사용할 수 있고, 무엇을 읽든지 즐거움, 관심, 파악 능력을 동원해 말할 수 있습니다. 제임스의 필체는 훌륭합니다. 모든 철자를 정확히 쓰고 필기체 쓰기도 시작했습니다. 그는 필기를 알아서 하고 많은 단어를 바르게 쓸 줄 알고, **자기 생각을 쓰기 시작했습니다.** |

산수	제임스는 30까지 수를 세고 읽고 쓸 줄 알고 조금 도와주면 그 이상 숫자도 사용합니다. 덧셈 뺄셈에 능숙하고 도구도 잘 활용합니다. 10이내의 덧셈은 다 하고, 암산 문제를 푸는데 열심이며 나름의 계산법을 고안합니다. 제임스는 패턴을 만들고 그에 대해 정확히 설명합니다. 2D, 3D 모양을 구분하고 그 성질과 특성을 압니다. 크기, 위치, 양을 잴 때 수학 용어를 맞게 씁니다. 그는 시간 개념이 있고 시와 분을 구별하고, 돈을 금액순서로 놓을 줄 알고, 1p펜스, 2p, 5p로 계산할 수 있습니다. 제임스는 이 과목에서 많이 배웠고 재능이 있습니다. 도전에 흥미를 느끼며 새 개념을 빨리 익힙니다.
세계에 대한 지식과 이해	제임스는 과학 분야에 순조롭게 입문했습니다. 그는 관찰한 바에 따라 합당한 결과를 끌어낼 줄 알고, 자신의 아이디어와 맞는 이전의 실험들을 활용하면서 자신이 무엇을, 왜 하는지 설명할 수 있습니다. 그는 뜸과 가라앉음, 열 냄과 식힘, 물질의 성질, 성장과 변화, 우리들 자신을 탐구했습니다. 제임스는 지리 용어를 적절히 사용하며 여행용 간단한 지도를 그리고 기본 방향을 제시할 줄 알며 자신이 어디 사는지 압니다. 제임스는 사건의 순서를 알고 시간에 따른 변화와 현재와 과거의 차이를 표현할 수 있습니다. I.T.에서 제임스는 마우스와 키보드로 컴퓨터를 자유자재로 사용해서 여러 프로그램에 접속하고 워드 프로세스 기술을 발전시켰습니다.

인성과 사회성 발달	제임스는 한 해 동안 서클 활동을 통해 자신감을 키웠습니다. 그는 항상 열심히 참여했고 신중하게 생각하고 반응했습니다. 다루고 있는 감정, 상황, 문제, 이슈를 이해하려 노력하고 흥미로운 코멘트와 의견을 내놓습니다. 그는 누구와도 협조적이고 창의적으로 작업하지만, 한두 명 친한 친구와 하는 것을 더 좋아합니다. 그래도 언제나 다른 친구들을 도울 것입니다.
창의력 발달	제임스는 다양한 미디어를 사용함으로써 창의력을 향상시켰습니다. 작업을 빨리 하려는 경향이 아직 있습니다만, 성공적인 결과를 얻으려면 조심스럽게 접근하는 것이 중요함을 이제 압니다. 그는 기억, 관찰, 상상을 재료로 해서 칠을 하고, 반죽 덩어리, 진흙, 재활용품으로 3D 작업을 하고, 물체와 이미지에서 뽑아 프린트하고, 미디어를 섞어 사용하여 효과, 질감, 형상을 만들어낼 수 있습니다.
신체 발달	제임스는 매우 좋은 협동심, 신체 조절력, 운동신경을 가졌으며 체육에서 준비운동과 마무리의 중요성을 이해합니다. 공, 방망이, 하키 스틱 같은 소도구를 요령 있게 다룹니다. 제임스는 팀 게임과 개인 운동 모두를 좋아하고, 자연스럽게도 상당히 경쟁적입니다. 그러나 항상 이기거나 성공하지 못하더라도 지나치게 실망하지 않아야 함을 꼭 배워야 합니다.

총평	제임스는 학교생활의 시작을 훌륭하게 했습니다. 그는 모든 학업에 대단히 열심이었고, 신입반의 기대치를 넘곤 하는 매우 좋은 결과를 이루었습니다. 모든 면에 최선을 다하려는 그의 열의와 자세는 높이 평가할만합니다. 그는 스스로 동기부여 되어 있고 어떤 도전이나 과제에 기꺼이 임합니다. 그는 학교 전체적으로 친구를 사귀었고, 학업과 학교 생활에 열성적인 성숙하고 책임감 있는 소년입니다. 제임스를 가르치는 것이 정말 즐거웠고. 그는 훌륭한 태도, 자발성, 가진 재능으로 우수한 성취를 이루어갈 것임을 확신합니다.
내년 목표	제임스는 필기 작업의 내용과 양을 향상시킬 수 있도록 필기체 쓰기를 계속 발전시켜야겠습니다. 곱셈과 나눗셈을 포함한 수와 응용 지식 넓히기 독해력 발전시키기: 시각 어휘, 디코딩 기법, 독해력, 그룹 독서
교장 선생님 코멘트	잘 했구나 제임스. 학교생활 시작이 훌륭하다. 꾸준히 그렇게 하자. 서명

서명	(담임교사)	날짜

　　담임선생님이 작성한 이 보고서 뒤에는 학생의 자기 평가가 첨부되어 있다. 다음 네 항목의 물음에 스스로 답해 보도록 해놓

았다. 중등학교에서는 두 페이지 가량 서술한다.

My Report

What can I do?
I can read well, and I can use the computer better

나는 무엇을 잘
하게 되었나요?

How have I changed?
I have leant English, and I have made some friends

나에게 어떤 새로운
변화가 생겼나요?

What have I enjoyed?
I have enjoyed playing with my friends, and I have enjoyed playing with the computers.

어떤 것이 특별히
재미있었나요

What would I like to improve?
I would like to improve all my work, especially my reading

무엇을 더 잘하고
싶나요?

교사의 보고서와 학생의 자기 평가서를 받은 부모는 확인 서명과 함께 소감이나 의견을 써 보낸다. 사립 초등학교의 보고서는 두툼하다고 한다. 더 자세히 장황하게 학교생활과 학업의 전 과정을 기록해서 부모에게 부친다. 중등학교의 평가 제도 또한 학교마다 조금씩 다를 수 있으나, 학년말 보고서는 기본이겠다. 콜체스터 그래머스쿨은 학기 중에 한 번 학부모 면담을 하고 부활절 방학 직전에 간결한 중간 평가서를 전달한다. 그리고 학년 말에 총 평가서를 우편으로 학생 집에 보내 준다.

그 총 평가서가 20여 쪽이나 되니 여기 다 옮기기 어렵다. 과목마다 담당 교사가 한 페이지씩 1년간 학습한 내용을 요약해서 쓰고 학생의 노력 점수와 학년말 시험 성적을 퍼센트로 기입해 넣은 다음 의견을 첨가한다.^{부록 참조} 장단점을 정직하고 효율적으로 지적해 준다. 기악 교습의 경우는 출석부까지 첨부한다. 중간 평가서에도 담임과 학무처장의 총평이 있는데 학기말에는 조금 더 길다. 학년말 총평을 보자.

담임교사
데이빗은 학급과 학교 생활 양면에서 매우 성공적인 한 해를 보냈습니다.
그는 쾌활하고 정직하고, 붙임성 있어서 협조적이고, 사교성이 있으며 밝습니다. 학교생활을 즐기는 듯이 보이고, 성적도 매우 만족스럽습니다. 학업에서 열심히 하고 체계적이고 진지하며 높은 수준의 지력을 보여 주었습니다. 또 몇 개의 클럽에도 가입해서 유익을 얻었습니다.
훌륭했어, 데이빗

학무처장
아주 바람직한 보고서군요. 데이빗은 모든 선생님에게 좋은 인상을 주었습니다. 집중력 있고 열심히 하며 잘 처신했습니다. 전체적으로 노력 점수와 학업 성적이 좋고 많은 격려상도 받았습니다. 특히 **초기에 부진했던 과목을 꾸준히 노력해서 향상 시킨 점을 높이 평가합니다.**
그는 학교생활에 적극적이었습니다. 운동선수로서 또 유능한 연주자로서 **학교와 학급을 위해 재능을 활용했습니다. 특활에도 관심이 많았고 신뢰감을 주는 급우**였습니다.

당연히 상대평가는 하지 않는다. 영국 부모들은 자기 아이가 어느 수준에 있는지 궁금해 하지도 않는다. 만약 초등학교 면담 때, 학급에서 아이의 학업 정도를 물으면 선생님은 '아이들을 비교하지 않는다'고 잘라 말한다. 아이가 어떤 것을 잘 하는지 혹은 부족한지에 대해서 알려줄 뿐이다. 보고서에서 보듯, 교사는 비교 관념 없이 아이를 개별적으로 생긴 대로 대하고 전인적 관심으로 가르친다. 아이 개인이 교육의 목표를 따라가는 과정이 중요하지, 아이들끼리의 우열은 아무 의미가 없는 것이다. 어찌 성적으로 인간의 우열을 가린단 말인가, 더욱이 학교가 말이다. 그런 정신이다.

중등학교 평가서에서도 역시 학생 자신의 성적만 알 뿐이다. 다만 중등학교이니 면담 때 대략 어느 수준인지 부모에게 감을 잡게 해준다. 문제 삼는 것은 능력과 성취도의 관계이다. 즉 얼마나 노력했는가가 중요하다. 자질은 A급인데 학업 결과가 B라면 노력이 부족하다고 하고, 부모에게 대강의 등급을 알려줌으로써 아이의 분발을 돕는 것이다. 그 아이가 다시 열심히 해서 A를 받으면 평가서에 칭찬을 써넣는다. 애초에 영국 학교에서 등수 같은 것은 없다. 총점과 등수가 없는 평가서는 학생을 집단의 부분으로 여기거나 비교하지 않고 독자적인 한 사람으로 존중하는 정신을 고스란히 드러낸다. 각 개인의 자질과 능력을 파악하고 발전시키는 것이 평가의 목적이다. 시험 후에 자신이 학급에서 몇 등쯤인지 도무지 알 수 없다. 학생도 관심을 두지 않는다. 영국

학교에는 성적 비교 공해가 제로다.

　사족을 달자면, 영국 교육에는 학생 평가 외에 학교 평가가 있다. 해마다 주^{County} 교육부에서 학교를 감사하는데, 각 학교가 전국적으로 확립된 기준에 따라 교육을 잘 하고 있는지 살펴보는 것이다. 1주일에 걸쳐 학교의 전반적인 교육 실태를 조사하고 부모들의 의견도 직접 들어본 후에 총체적 평가를 내린다. 학교는 학교대로 1년간의 과정을 보고서 형식으로 조목조목 기록하여 모든 부모에게 돌린다. 자세히 읽어보지는 않았으나, 대략 커리큘럼과 학습 내용과 성과, 예체능과 통합 교육의 양과 질, 훈육 및 학교에 따라서 종교교육과 도덕교육의 정도, 상세한 회계 보고, 그리고 학력고사의 학교 성적 등이 열거되어 있다. 아이의 학습 보고서처럼, 한 해 동안의 학교생활을 속속들이 투명하게 보여준다. 사회 전반이 대체로 이런 식으로 작동한다.

'센서블'이 최고

　영국 학교의 시상과 평가 제도가 알려주는 메시지는 분명하다. 전인교육의 신념이 확고하다는 것이다. 개인을 존중하고 사람을 전인격적으로 배려함이 교육의 정신이요 현실이다. 교육이 그러한 것은 국민정신이 그렇기 때문일 것이다. 이들은 사려 깊고 정중하고 친절한$^{\text{well-behaved, sensible, polite, gentle}}$ 태도를 가장 중히

여기고 그렇게 살려 하고 또 전수하려 한다. 아이 각각이 개성과 자유를 누리도록 돕되, 아이들로 하여금 '사람들 속의 나', 즉 '다른 사람을 배려하는 나'이기를 요구하고 교육하는 것이다. 그런 품성이 몸에 배게 하는 것이 교육의 푯대다. 그래서 선생님이 어떤 아이를 '머리가 좋다'$^{bright,\ clever}$고 할 때는 보통의 말투로 하나, 최고의 칭찬 '사려 깊다'^{sensible}고 할 때는 흡족한 마음을 실어 말한다.

    우리도 선한 인성과 품행에 큰 가치를 둔 때가 있었다. 그 '양반 같은 사람'의 샘플이 어디로 사라졌나. 지능이나 재주가 뛰어나거나 돈을 잘 버는 것과 같은 자질만을 유난히 높이고 또 다수가 그것을 선망하며 뒤좇는 사회에서는 사람 존중의 수준이 높아지기 어렵다. 우리들 다수는 어떤 교육을, 어떤 삶을 지향하는지 알지도 묻지도 않은 채 무리 속에 묻혀 치닫는다. 존재 깊은 데서부터 되짚어보는 이들이 더 많아져야 한다.

6 위대한 시민들

한 중등학교 교사는 학교가 이웃 타운에 있어서

출퇴근 시간이 좀 걸리는데,

그게 오히려 다행이라고 한다.

학생들에게 열 받은 것을 식히고서

집에 들어갈 수 있기 때문이란다.

여기 사람들이 나이나 직위에 관계없이 서로 이름을 부르는 것을 알고 있어도, 우리로서는 선뜻 되는 일이 아니다. 더욱이 줄여서 짤막하게 부르기를 잘하는 이들의 방식에 따라 교수도 그렇게 호칭하기란 쉽지 않다. '제프리'가 이름인 필자의 지도교수는 첫 대면에서 몇 가지 일러주면서 자신을 '제프'로 불러달라고 했다. 동양인에겐 어색한 일인 줄 알고 있다고 덧붙이면서. 메일에 두어 번 성을 써서 '디어 ooo 교수님'으로 시작하다가 마침내 '디어 제프'로 했을 때 '축하한다'는 답신을 보내왔다. 일흔이 넘은 노 목사님도 그냥 '죠지!' 하면 된다.

선생님은 일급 시민

예외적인 경우는 있다. 옥스퍼드대학의 수위나 관리인이 할아버지여도 손자 뻘 학생에게 깍듯이 '써'sir를 붙여 응대하는 경우와 유치원서부터 13학년까지 학생이 교사를 부를 때가 그렇다. 미스터 굿윌, 미스 젠틀 등 반드시 성姓으로 호칭해야 한다. 대학 선생과 학생의 관계는 학문적 동료로서의 성격이 있다고 한다면, 교사와 아이의 관계는 사제지간이라는 뉘앙스가 있다. 뿐만 아니라 초등학교 교사와 아이들 사이에는, 한국에 비하면, 인격적인 접촉이 더 많고 따라서 좀 더 다정스러운 분위기를 느끼게 한다.

그것은 학급당 30명 이하에 한두 명의 보조 교사가 도와주기

때문에 가능하겠다. 저학년에는 보조 교사가 꼭 딸려있고, 엄마들 중에서 자원봉사로 수업을 보조하거나 학습부진아를 돕는 이들도 있다. 교사의 업무 또한 잘은 모르지만 한국에 비하면 훨씬 단순해 보인다. 등교 시간인 8시 50분 전에 출근해서 하교 시간인 3시 10~30분 이후에 자기 일이 끝나는 대로 퇴근한다. 그날 했던 아이들의 학업을 점검하고 다음날 학습 자료를 챙기는 것일 게다. 교직 대부분의 시간을 학습 지도와 생활 지도에 집중하도록 시스템이 되어있는 것 같다. 소위 '잡무'라고 할 일이 별로 없어 보인다. 방과 후에 행사가 있어도 일반 교사는 참석하지 않아도 되게끔 운영하고, 큰 행사 준비도 수업 시간 안에서 이루어진다. 청소 점검에 관해서는, 그게 뭐냐고 할 것이다.

교사와 학부모 사이의 관계도 단순하다. 정해진 면담 외에는, 아이가 문제를 일으키지 않는 이상 피차 대할 일은 없다. 날마다 아침과 오후에 아이를 데려다주고 데려오는 과정에서도 서로 마주치지 않는다. 어떤 한국 엄마는 어쩌다 교실에 갔다가 선생님께 인사하려고 해도 도무지 눈을 맞추지 않아서 애썼다고 한다. 용무가 없으면 최대한 서로의 영역에 끼어들지 않는다. 이것도 그들 나름의 자유와 존중의 일면이다. 안면이 있으면 인사부터 하고 보는 우리와 달라서 -산책길에는 낯선 사람끼리 인사말을 건네기도 하는데- 적응하기 어려운 부분이다.

학년 마지막 날에는 엄마들이 조그만 선물이나 꽃다발을 들고 선생님을 찾는다. 물론 감사의 표시이다. 필자도 지금까지 초

콜릿이나 꽃을 들고 아이와 함께 고마움을 전달해왔다. 사실 여러 모로 고마울 뿐 아니라 아이들이 감사하는 마음을 갖게 되기를 바람에서였다.

촌지는 영국 문화에서 상상할 수 없는 것이고, 그와 같이 감사하는 방식은 자연스러워 보였다. 몇 명이건 누가 했건 선생님은 개의치 않아 보였고, 자신이 수고한 것이 화답되어짐을 느끼고 기뻐하는 것 같았다. 꽃다발을 안고서 마냥 웃음 짓는다. 한국인이 제법 많은 런던의 어느 학교에서는 한국 엄마들이 영국 선생님을 어떻게 잘(?) 길들여 놓았는지 한국 아이가 새로 오면 으레 값비싼 선물을 받을 줄로 안다는 소문이 있었는데, 요새는 어쩌는지 모르겠다.

근년에 노동당 교육부는 초등교육의 수준을 끌어올리기 위한 방편으로 교사 상급제를 해보려 했다. 심사 기준을 마련해서 교사의 능력과 성과를 평가하고 그에 따라 월급 외에 별도의 보너스를 –영국의 급료제도에는 보너스라는 것이 없다– 지급한다는 방안이었다. 평가의 기준에서 관건은 반 아이들의 학력고사 성적이었다.

그 뉴스를 들었을 때 필자로서도 거슬렸는데, 과연 교사들이 가만히 있지 않았다. 교사연맹이 교육부 장관을 상대로 소송을 제기해서 그 계획안을 철회하도록 법원의 판결을 얻어냈다. 필자가 보기에도 교육부 장관의 발상은 비 영국적인 것이었다. 경쟁으로 인한 부작용을 극소화하는 것이 교육의 방향이기 때문이다.

교과목 성적에 치우침으로 해서 전인교육을 위한 활동과 품행교육이 방해 받는 것을 싫어하는 국민적 정서와 거리가 먼 획책이었다. 비교육적 처방으로 교사들을, 결국 아이들을, 경쟁으로 내모는 것은 만부당하다. 더구나 성적은 많은 부분 아이들의 자질에 달린 것인데, 그것으로 교사의 능력을 평가한다니 받아들일 수 있었을까. 장관의 의욕이 지나쳐 궤도를 이탈했다고 봐줄지. 교사연맹은 경쟁의 몰 인간화 경향을 지적하고 즉각적으로 의견을 모아 단박에 거부했다. 어쩌면 인격적 모독을 느꼈을지 모른다. 여하튼, 그 일을 통해서 교육 담당자들의 가치관과 또 그것을 지켜내는 능력을 확인했다. 모종의 상급제가 지금 시행되고 있는 줄로 알고 있는데, 그것도 반길 것은 못되나 보다.

훌륭한 선생님들

'훌륭한 교사상' 역시 최근에 만들어졌다. 헌신적이고 유능한 교사를 전국에서 몇 명 뽑아 시상하고 있다. 수상자를 뽑는 첫 단계는 각 학교장이 학부모들에게 직업 이상으로 열성을 다하는 교사를 추천해 달라고 요청하는 것이다. 학부모가 자발적으로 참여해야 가능한 시상이다. 학부모는 추천할 교사가 있으면 추천 이유를 편지 형식으로 쓰고 밀봉해서 학교에 갖다 주면 모아서 지역 교육부에 전달한다. 추천인의 수가 웬만큼 되어야 예선을 통과한다.

지역 심사부는 한 명을 선발해서 더 큰 지역부에 올린다. 그렇게 몇 단계를 거쳐 결선에 이른다. 우리 큰아이를 2년간 가르쳤던 담임 교사가 남부지역 본선에 올라갔다가 아쉽게도 차석에 머물렀던 일이 있었다.

그런 선생님께 배웠으니 행운이라 할 수 있겠다. 그 여 선생님 덕분에 큰아이는 5학년 공연으로 셰익스피어의 《한여름 밤의 꿈》을 외우고 연기해볼 수 있었다. 전문 연극인에게서 의상까지 빌려서 제대로 한 연극이었다. 선생님은 점심시간을 이용해 아이들과 함께 가까이 있는 숲을 가로질러 뛰기도 했는데 큰아이가 즐겼던 부분이다. 운동이라면 뭐든지 끼어드는 아이에게 방과 후 선생님이 지도하는 운동 서클은 학교생활의 즐거움을 돋워 주었다. 어느 교사나 그렇듯이, 아이들을 엄격하게 나무라면서도 인격자로 배려하고 키워주는 자세가 몸에 배어 있었다. 필자는 5학년 마지막 날에 아이가 쓴 카드와 함께 아껴 두었던 우리 민속 공예품을 그 선생님께 선사했다.

영국 초등학교가 좋은 인상을 주는 큰 요소 하나는 교장 선생님이다. 온종일 서있지 않나 여길 정도로 여러 가지 일을 많이 한다. 동료 교사들이 다른 신경 쓰지 않고 아이들 지도에 전념하도록, 마치 친정엄마 같이, 일체 업무를 다 관장한다. 사무실에 두어 명 정도의 행정 보조원이 있고 관리사 아저씨가 보통 한 분 있는데 교장 선생님은 그들과 격이 같다는 느낌을 준다. 사실 학교의 어느 누구보다도 일이 많다. B 학교 교장 선생님은 종종 아

예 팔을 걷어붙이고 계셨다.

전학 오는 아이와 부모를 데리고 학교 안팎을 돌면서 안내하는 일에서부터, 행사 뒷바라지, 전체 모임 때마다 아이디어를 짜서 그 시간을 이끄는 일, 장난꾸러기나 말썽쟁이를 타이르고 훈도하는 일, 뭔가 뛰어난 아이를 키워주는 프로그램을 꾸리는 일, 공부 재능이 있는 아이를 따로 모아 직접 가르치는 일 등, 보이는 것만도 그렇다. 행정과 관리 일은 좀 많으랴. 행사 때 교장 선생님이 양팔에 의자를 끼고 왔다 갔다 하는 모습을 보면, 교사보다는 관리사 쪽에 더 동료 의식이 있는 거 아닌가 싶다.

교장 선생님은 모든 아이의 이름을 다 외움은 물론 개개인의 성향도 거의 다 기억한다. A 학교를 떠난 지 2년 만에 다시 가본 적이 있는데, 교장 선생님은 큰아이이게 "아직도 산수를 잘 하느냐"고 –영국 학교에 다니는 한국 아이는 다 산수를 잘 한다– 물으셨다. 6년을 함께 하는 400명 전후의 전교생에다 매년 수십 명 가량의 신입생만 더 익히면 되니 그리 어려운 일은 아닐 게다. 학교의 규모나 시스템이 그런 사제 간의 관계를 가능하게 하고, 교장 선생님은 그야말로 전문적인 매니저 같다.

B와 C 학교 교장 선생님이 탁월했다. 두 분은 케임브리지대학의 상급 교사자격과정을 같이 다녀서 서로 잘 아는 사이였다. B 교장 선생님은 신설 C 학교의 이사로 역할 하면서 한참 동안 이 새 학교의 진로를 도왔다. C 교장 선생님은 팔방미인이었다. 참으로 열심히 해서 필자는 그를 '작은 토니 블레어'라고 칭한다.

실패작도 더러 있으나, 이 총리가 얼마나 성심껏 국민을 위하려고 열심히 일하는지. '국민의 공복'이 어떤 것인지 영국의 장관들을 보고 알았다. 팔을 걷어붙이지는 않았어도 꼭 그런 자세임을 넉넉히 감지할 수 있다. 그 교장 선생님은 체조반도 직접 운영해서 행사 때 체조 잘하는 아이들을 선보이기도 하고, 수학에 뛰어난 아이들을 별도로 가르친다. 운동회 날에는 땡볕에 서서 마이크를 잡고 처음부터 끝까지 진행을 맡는다. 노티 보이를 보통의 어린 시민이 되도록 이끄는데 있는 힘을 다한다. 뒤에 '입시 낙원'에서 뚜렷해지겠지만, 사람을 평등하게 대하는 그 굳건한 정신이 지도력에서 온전히 묻어난다. 그것이 백미이다.

어떤 아이이든 동일한 비중으로 대하고 동일하게 인격적으로 교육하는 이 위대한 정신은 어느 한 교사에게서만 발견되지 않는다. 인종차별 문제가 심심찮게 노출되고 빈부 차이가 더 심해진다는 경고가 들려도, 교사들이 아직은 견고한 시민정신의 보루가 되어주고 있다. 나는 마음속으로 여러 번 이들에게 '위대한 시민상'을 주고 싶었다. 역사 공부를 하다 보니, 19세기에 지금과 비할 수 없이 이 사회가 일그러져 있었을 때 교사들은 '민중의 선도자'social missionaries 역할을 했다. 그리고 여전히 그 지도력의 기운이 남아 있음을 보게 된다. 교사들만이 아니다. '인간다운 삶'이라는 분명한 가치에 정박해 있는 시민 군단이 버티고 있기에, 북서 유럽은 선진국으로서 아직은 건재하다.

6 위대한 시민들

고되고 어려운 교직

그러나 어린 시민을 양육하는 과업은 무척 힘이 든다. 영국 교사들이 겉으로는 수월해 보여도, 역시 인간을 직접 다루는 일이다. 주된 이유는 노티 학생들 때문이다. 우리 가족이 다니는 교회에는 교사가 몇 분 있어서 어쩌다 노출되는 그들의 생활을 엿보게 된다. 한 중등학교 교사는 학교가 이웃 타운에 있어서 출퇴근 시간이 좀 걸리는데, 그게 오히려 다행이라고 한다. 학생들에게 열 받은 것을 식히고서 집에 들어갈 수 있기 때문이란다. 한 초등학교 교사는 할 수 있으면 그만두고 싶다고도 했다. 비교적 높은 급료에도 불구하고 많은 교사가 이직하기를 원한다. 전인교육을 하는 것이 얼마나 고된 일인가라는 생각을 새삼스럽게 해보았다.

마지막으로, 교장 선생님의 업무 중에서 빠뜨린 중요한 것 하나를 챙겨본다. '통신문'을 쓰는 일이다. 학교에서 무슨 일이 있었는지 또 어떤 일이 계획되고 있는지 학부모가 훤히 알 수 있게 쓴다. 그래서 교장 선생님의 통신문은 대부분 아무 개입을 하지 않는 학부모들을 학교생활 깊숙이 끌어들이고 묶어주는 역할을 한다. 작은 방편으로 최대한의 효과를 이끌어낸다. D 학교 통신문은 뜸하게 배포됐고, A와 B 학교에서는 자주 받아보았다. C 학교 교장 선생님은 거르지 않고 매주 부지런히도 썼는데 전국적으로도 예외적인 경우였다. 교육에 관심 두기 어려운 다수 학부

모의 여건을 고려했는지 요것 조것 빠짐없이 자상하고 재미있게 전달했다. 선생님의 그러한 노력은 지역사회를 위한 봉사 내지는 문화 활동이라고 해도 좋을 성싶다. 이런 사람을 두고 영웅적이라고 할만하지 않을까. 통신문 사례를 하나 보자.

BG 공립학교　　　　　　　　　2000년 7월 14일
학교 주소

학부모께
학년말 분위기가 가득함은 피곤함이 깃든 우리 모두의 얼굴을 보면 알 수 있습니다.
이번 축제의 결산은 작년보다 30퍼센트 증가한 1,213파운드 입니다. 축제 준비를 도운 여러분들 참 수고했어요.

지난 토요일에 6학년은 런던 여행을 다녀왔고, 연례 공연도 무사히 마쳤습니다. 그들은 초등학교의 이 마지막 때를 오랫동안 기억 속에 붙들어 매둘 것입니다.
런던에서는 대영박물관을 관람한 후 뮤지컬을 보았고 저녁 식사도 근사하게 했습니다. 교사와 이사회 여러 분이 동행했는데 우리 학생들의 품행이 훌륭했다고 한결같이 칭찬했습니다.

그들 자신의 뮤지컬 공연은 참으로 멋졌습니다. [교장 선생님도 공연에 출연했다.] 학력시험을 치르고 불과 몇 주일 만에 그런 수준에 이르렀다니 놀랍습니다. 그들이 이처럼 긍정적이고 바람직한 여운을 남기고 떠나는군요.

교사들, 특히 미시즈 6학년 선생님께 감사합니다. 교사들은 6학년의 마지막 몇 주간이 충만하고 풍성하도록 기꺼이 시간을 할애했습니다.

　　　　[6학년 담임교사는 런던 여행에 대해 따로 자세히 정감 있게 써서 돌렸다.]

운동회
날씨가 우리의 계획과는 별도로 움직이는군요. 희망컨대, 비가 안 온다면, 저학년과 고학년이 월요일 한 날에 운동회를 할 수 있기를 바랍니다. 그럴 경우에는 다음 시간표대로 할 것입니다.
    9:30 저학년
    1:30 고학년

만일 비가 오면, 남은 날이 며칠 되지 않아 못하게 될 것이니, 우리 모두 손가락을 꼬고 _{행운을 기대하는 표시} 있읍시다.

이브닝 라운드 게임 _{학교에서 하는 가족 동반 게임}
애석하게도 또 날씨 때문에 차질이 생길 것 같군요. 저녁 8시까지는 비가 안 올 가능성이 많다는 예보가 있었지만 하늘이 신통찮습니다. 행사를 취소하는 것이 낫겠습니다. 운동장에서 학창 시절의 영광을 재현해 보려고 잔뜩 기대하고 있던 분들께는 참 죄송하군요. 그렇지만 부모님들의 재능이 사그라지지 않았음을 보여줄 수 있도록 대책을 꼭 마련하겠습니다.

디스코 파티
고학년을 위한 디스코 파티를 오는 화요일 7시부터 8시 30분까지 엽니다. 비용은 1파운드이고 입구에서 받습니다. 입장료에 간식비도 포함되어 있어요.
(6시에는 6학년만을 위한 바비큐 파티를 합니다.)

중고 세일
분실물이 꽤 많이 모였어요. 분실물이 있는 사람은 꼭 와서 살펴보기 바랍니다. 7월 17일 월요일 2시 45분부터.
그러고도 남는 물품은 화요일 2시 45분부터 팔도록 하겠습니다.

점심값 인상
한동안 점심값을 동결해놓고 있었으나 부득이하게 9월부터 인상해야겠습니다. 새 가격은 1파운드25펜스입니다.

뇌수막염 예방주사

6학년 중에서 뇌수막염 예방접종을 놓친 사람은 의료센터가 제공하는 임시 서비스 를 받기 바랍니다. 7월 19일 2~4시

학급 사진, 개인 사진

많은 사진들이 아직 값이 치러지지 않았군요. 마음에 들지 않으면 사진을 돌려주거나 아니면 비용을 납부해주기 바랍니다.

> [모든 학교에서 매년 이 두 종류의 사진을 찍는다.
> 그래서 졸업 앨범이 따로 없다.
> 이 통신문이 나간 때는 사진을 나눠준 지 5개월 되었다.
> 이런 내용이 이 학교의 지역 사정을 드러내준다.
> 다른 학교에서는 못 보던 일이다. 또 저소득층 보조 -
> 가령 점심값, 여행 경비 등- 해당자는 학교에 알리도록 하는데,
> 이 학교는 그 공문을 자주 배포했다.]

이^{해충} 문제

부모님은 자주 체크하시기 바랍니다. 최근에 두세 케이스가 발견 되었습니다.

> ['이' 문제는 영국 초등 학교생활의 일부이다.
> 이가 샴푸를 좋아한다는데 수도세가 비싼 관계로
> 물을 맘껏 쓰지 못하거나 잘 헹구지 못한 때문일 것이다.
> 아이 머리 들여다보라고 학교마다 간헐적으로 공문을 보낸다.]

선생님 상

금주에 선생님 상을 받은 어린이들 축하합니다. 23명 명단

학급 사진

잔디 운동장에서 찍으려 했는데, 찍을 즈음 비가 잦아서 실내에서 찍었다.
1학년, 아직 6살이 안 된 아이들이다. 우리의 경우로는 유치원생들이다.

교사의 헌신과 열정 : 학년말 공연

6학년 졸업 공연에 교장 선생님도 출연 !

선생님은 연극 지도를 하면서 전문 연극인에게서 의상을 빌려다 주었다.
셰익스피어 《한여름 밤의 꿈》

7 친구들

같은 4살이어도 어떤 남자 아이는 아침에
엄마와 헤어진다고 우는가 하면,
어떤 여자 아이는 그 우는 급우의 어깨를 감싸며
위로해준다.
"아유, 존 쭛쯔"Oh, poor John 라고 하면서.

'영국 집은 성^{castle}과 같다'는 말이 있다. 한 가정은 나름의 왕국으로 독립성을 지닌다는 그런 뜻이란다. 어쨌거나 문지방이 높아 외부인이 한번 들어가기가 쉽잖다. 친한 아이끼리 불러내 밖에서 노는 일은 있어도, 사전에 허락 받는 절차를 거치지 않고 친구 집에 들러 노는 일은 드물다. 영국 아이들이 한국 아이들과 친해지면 좀 달라지긴 하지만.

친구 사귀기

검문 없이(?) 안방까지 통과시켜주는 우리 집의 허술함을 알아차린 작은아이의 한 친구는 지나가다가 들어오기도 하고 전화 통보하고는 곧장 뛰어 들어온다. 대신 우리 아이들은 전화해서 친구 엄마가 오케이 하는 말을 들어야 갈 수 있고, 오늘은 안 된다고 하면 다른 놀이를 찾아야 한다. 우리로서는 단박에 말하기 어려운 일이라도 이들은 감정 들이지 않고 형편대로 허락하고 거절한다. 아이들도 놀다가도 그만 가라고 하면 곧장 신발을 집어든다. 그 깔끔한 마침 때문에 집안에 잘 들였는지 모르겠다.

친해지기 전에는 으레 엄마들끼리 오고 갈 수 있겠는지 물어보고 약속 시간을 맞추고 쌍방이 왔다 갔다 하는 과정을 거친다. 서로 오고 가며 놀다 보면 친한 친구가 되고 식사도 대접받곤 한다. 그러다가 '하룻밤 묵기'^{sleep over}로 진전되기도 한다. 당연하게

도 아이들이 이것을 무척 좋아한다. 큰아이는 친구 집에서 1박 한다고 며칠 전부터 들떠있었다. 간혹 해주는 특별식처럼 일정을 잡아서 허락한다. 주변을 보면 주로 한국 아이들이 영국 친구 집에 간다. 우리만 해도 잠자리 여유도 없고 불편할까 봐 선뜻 오라고 하기 어려운 처지다.

대개 영국 아이들은 학교 마치고 집에 들어간 다음에는 좀체 밖에 나오지 않는다. 집에 뒤뜰이 있어서일까. 간혹 놀이터에 몇 명 붙어있거나 자전거를 타기도 하지만, 등 하교 시간 외에 주택가는 늘 조용하다. 다만 저소득층 지역에는 밖에서 노는 아이들이 좀 더 많다. 첫 학교 시절, 동네에 아이들이 그렇게 많이 있었던 것을 거기 산 지 1년쯤 지나서 알았다. 여름방학 긴 나절이 되어서야 현관문이 열려 있기도 하고 나와 노는 아이들도 있었다.

아이들은 보통 오후 5시면 저녁을 먹고 8시경에 잠자리에 든다. 초등 고학년부터는 좀 더 늦게 자긴 해도 한국 아이들에 비할 바 아니다. 9시면 집 대부분이 캄캄하고 전등 빛이 보여도 거실 정도이다. 그리고 아침 5, 6시면 기상한다. 아침에 두세 시간 놀다가 학교 간다는 말이 된다. 컴퓨터 게임하고 TV 보고 책도 읽고 엎치락뒤치락한단다. 우리와는 다른 생활이다.

단짝 친구도 물론 있다. D 학교로 전학 오고도 작은아이는 C 학교에서 단짝이었던 친구와 서로 오고 가더니, 요새는 둘이 글을 지어서 책을 만들자고 합의하고 열심히 우편을 이용한다. 차로 10분 거리이고 인터넷이 가능한데도 학교 가는 길에 우체통

에 집어넣는 재미를 즐긴다. 아이가 글을 보내면 그 친구가 덧붙이거나 고쳐서 돌려보낸다. 또 고치고 더 쓰고 하는 작업을 번갈아 하며 주고받기를 계속한다. 언제 완성될지 모르는 책이지만, 글 짓고 책 만드는 일이 이렇게 놀이이다.

여기 아이들도 인간사가 다 그렇듯 서로 싸우고 따돌리고 놀리곤 한다. '중국인'이라고 놀려서 한국 아이들을 열나게 하는 경우는 흔하다. 여자아이들끼리는 피부색이 달라도 대부분 곧잘 어울리는데, 남자아이들은 껄끄러운 과정을 거친다. 금방 온 한국 아이가 말을 못한다고 잘 도와주는 아이가 있는가 하면 골탕 먹이는 아이도 있다. 대부분은 친절해서 한국 아이들이 잘 적응하는 편이다. 다른 사람을 잘 돕는 성품과 자질을 가진 면에서는 여자아이들이 낫다. 그런 젠틀함, 친절함이 참 보기 좋다. 같은 4살이어도 어떤 남자아이는 아침에 엄마와 헤어진다고 우는가 하면, 어떤 여자아이는 그 우는 급우의 어깨를 감싸며 위로해준다. "아유, 존 쯧쯧"Oh, poor John라고 하면서

그러나 따돌림 받고 놀림 받아 자살한 청소년도 몇 있었다. 한동안 그러다가 학교들이 단속을 하는지 요새는 잘 들리지 않는다. 말썽이 있어도 한국 학교의 형편과 비교하면 적은 편이라 하겠다. 가장 골치 아픈 문제는 인종차별이다. 아이들은 이질감이나 거부감을 자제하기 어렵기에 교사들이 단단히 교육시키고 관리한다. 그럼에도 좀 머리가 컸다는 학생들에게까지 –특히 남학생– 손이 다 미치지는 못한다, 사회 전체적으로 흑백 문제나 긴

장은 비교적 적은 편이고 전략적으로 TV에 일정 비율의 유색인을 등장시키기도 하지만 인종문제는 항상 신경 쓰이는 사안이다.

생일 파티

아이들 세계의 풍속도에서 금방 눈에 띄는 것은 생일 파티이다. 아이들에겐 가장 흥분되는 순간인가보다. 보통의 부모가 휴가를 대비해 여행 경비를 모으듯이 생일 파티용 적금이라도 들어놓았나 싶게 그럴싸하게 장만해준다. 저학년은 아이들이 보채는지 너도나도 하는 추세이고 고학년이 되면 시들해지는지 줄어든다.

한 달 전서부터 스케줄을 짜놓고, 초대하고 싶은 반 친구들에게 초청장을 돌려서 참석 여부를 알아본다. 파티 종류나 장소는 다양하다. 파티 전문 업체에게 비용만 지불하면 초청장 발부부터 파티 진행, 음식, 회답용 선물까지 세트로 서비스해 주기도 한다. 가족 식당, 패스트푸드 매장, 실내외 놀이센터, 동물원, 수영장, 볼링장, 영화 관람 등이 단골 메뉴다. 어떤 집은 반 아이를 다 오라며 대형 홀을 빌린다. 마술사를 불러 시간을 메우는 것도 더러 하는 방법이다. 서너 명을 초대해서 저녁에 파티를 하고 하룻밤을 같이 지내게 하는 코스도 있다. 비용을 줄이려고 집 파티를 장만한 어떤 부모는 두어 시간을 재미있게 꾸리는 일에 혀를

내둘렀단다. 그래서 목돈을 들여서라도 밖에서 하게 된다. 가장 저렴한 대안은 최신 영상물을 빌려서 보여주고 맥도널드 세트를 안겨 주는 것이다. D 학교에서는 생일날 엄마가 사탕과 초콜릿을 선생님께 전달해서 하교 시간에 아이들에게 나눠주는 것이 애용되는 종목이다.

생일 파티도 자주 가게 되면 부담이다. 반 아이들에게 빠짐없이 초대받는 작은아이는 용돈으로는 선물을 다 마련하기 어려워 가끔 보조해줘야 한다. 파티가 끝날 때는 꼭 회답용 선물 봉지를 준다. 대개 풍선 같은 장난감 하나, 반갑잖은 사탕과 초콜릿, 그다지 쓸데없는 학용품 한쪽, 그리고 케이크 한 스푼 등이다. 더러는 다 생략하고 굵직한 것 한두 개로 대신한다. 아이들은 그 봉지가 파티의 흥을 연장하는 듯 퍽 좋아한다. 돌아오는 길에 집이

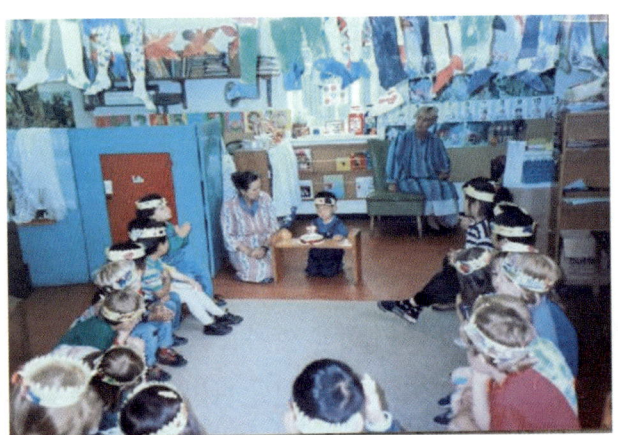

유치원. 아이 생일에 선생님께 케이크를 갖다 드리면 순서를 만들어 준다. 주인공은 촛불을 분 다음 엄마가 준비한 간식을 들고 친구들 앞을 돌며 대접한다. 마침 공작한 왕관이 파티 분위기를 내준다.

보일 때쯤이면 작은아이는 '형아!' 부르며 내쳐서는 형아 앞에 기분 좋게 봉지를 탁 털어놓는다. 옛 우리 할머니들이 잔칫집에 가셨다가 손수건에 싸온 것을 미소 머금은 입과 함께 손주 앞에 열어놓으시듯.

큰아이 1학년 때 너덧 명을 집에 불렀다가 어설프고 황당했기에 -서로 맞지 않아서- 파티는 젖혀두었었다. 4학년이 되고 보니 큰아이는 그 동안 초대받기만 하고 하지 않아서 어색하다고 했다. 처음엔 근처 풀밭에서 축구나 하게 하려다가 곧 접고 좀 힘을 써서 준비했다. 5명을 아빠가 볼링장에 데려갔다가 집에서 탕수육과 몇 가지 내놓았는데, 이 녀석들 저희들 맨날 먹는 소시지와 감자튀김만 먹었다. 작은아이에겐 너도 4학년 때 하자고 멀찍이 밀쳐놓은 것이 어느새 임박해 있다.

스텝 스텝

C 학교에서 저학년의 생일 파티가 유난했다. 부모들의 보상심리가 한몫 하지 않았나 싶다. 다른 학교들보다 결손가정이나 저소득층 비율이 높았던 이 학교 아이들의 형편을 생각하면 그럴 법하다. 결핍을 보충하기 위해 생일날 한번이라도 푸짐하게 해주고 싶은 것 말이다. 사실 영국 아이들도 불쌍한 면이 있다. 철저하게 아동의 인권을 보호하는 사회적 장치 이면에는 인도적 차원

도 있지만 사회적 모순 또한 내재되어 있다. 가정이 깨어짐에서 오는 파편과 상처가 들어있기 때문이다.

우선 보호와 안전 대책은 우리의 상식을 넘어선다. 시내 공원의 놀이터에 가면 아이 반 어른 반이다. 아이들끼리 놀도록 두지 않는다. 법적으로도 문제 되고 사회 통념으로도 안 된다. 아이가 있는 곳에는 누군가 어른이 따라붙어야 한다. 중등학생이면 몰라도, 집이 코앞이라도 초등학생의 등 하교 길에는 부모나 조부모, 아니면 어른 누구라도 동행해야 한다. 사고, 유괴, 범행의 위험을 봉쇄하기 위함이다.

어떤 순간에는 부모보다 사회가 아이에게 더 큰 권한을 갖는다. 아이들은 사회가 공동으로 책임진다는 의식이 있다. 이 사람들은 자기 자식과 남의 자식을 달리 대하는 경향이 우리에 비해 썩 약하다. 만약 부모가 아이를 양육할 여건이 안 되면 사회가 챙긴다. 아이를 학대하거나 부모가 정상적인 생활을 할 수 없으면, 지방정부가 대리 부모를 연결시켜 주고 양육비를 보조해준다. 다니는 교회에도 젊은 부부가 자원해서 아이 두 명을 돌보고 있다. 심심찮게 그런 아이들을 본다.

큰아이 1학년 때 같은 반에 2살 많은 학습부진아가 있었는데, 그 아이는 자기 집은 저 어디인데 부모와 떨어져서 학교 근처 누구 집에 산다고 했다. 그때는 그 사정이 무엇을 의미하는지 제대로 몰랐다. 통통함을 넘어선 이 여자아이에게 방과 후에 언제나 사탕이나 초콜릿을 주면서 데려가던 어른이 대리 부모였던 것 같

다. 왠지 집에 곧장 가지 않으려 했고, 영어가 서툰 우리 아이들에게 뭔가 동질감을 느꼈는지 우리 집에 자주 오고 싶어 했다. 늘 주는 사탕도 이제 생각하니 써야 할 양육비, 어쩌면 돌봄을 표시 내는, 품목이 아니었나 싶다.

2년 전에도 큰아이가 자기 반에 한 친구는 용돈을 많이 받는다고 하기에 이것저것 물어보았더니 그런 사정의 아이로 짐작되었다. 데려다 키우는 것이 어찌 쉬우랴. 그래서 용돈을 넉넉히 안기는 것일까. 대책 없이 학대 받는 한국의 어떤 아이들보다는 낫겠고, 대부분의 대리 부모가 잘 돌봐주지만, 애정결핍증 걸린 아이들이 많다. 체벌을 금하는 것도 결손가정이나 대리 부모 밑에서 학대 받을 가능성이 있기 때문이다. 그래서 정작 훈육이 필요한 제 자식도 버릇고치기 어려워지고 있다. 가정의 훈육이 방향을 잃고 있음은 영국도 마찬가지이다.

영국에는 한집 건너 한집이 이혼한단다. 십대 미혼모는 유럽에서 가장 많다. 영국인들도 수치스러워 한다. 그래도 더 큰 문제가 되지 않도록 거처와 생활비를 주며 다독거린다. 한쪽에선 사회복지가 미혼모를 양산한다고 비난한다. 그런데 당사자들은 자못 당당하다. 좀 일찍 낳은 것뿐이니 따가운 눈초리 거두라고. 애가 좀 크면 일해서 나랏돈 많이 축내지 않을 테니 두고 보라고 한다. 런던의 일반 중등학교에서 여학생들은 13살 무렵에 성 경험이 없으면 친구들로부터 압박 받는다고들 한다. 경험이 있어야 대화가 된다는 거다. 무관하게 지내는 청소년도 물론 있겠으나

환경이 그렇다는 얘기다.

큰아이 급우 중에서, 엄마가 17살 때 자기를 낳았다는, 한 아이는 선생님이 지목한 노티 보이였다. 노래를 잘 부르고 예쁘장해서 연극 때 '여 감사원' 역을 맡기도 했던 그 아이와 엄마를 볼 때마다 귀엽기도 하고 안쓰럽기도 했다. 누나라 하면 어울릴 가냘픈 엄마와 아이는 학교 문 나서면 티격태격하며 다니곤 했다. 이 C 학교 교문에서는 빽 소리 지르는 엄마도 볼 수 있었다. 고달픈 사연을 더 많이 품은 학교였다.

어떤 집에 가보면, 같은 또래의 아이들이 옹기종기 있다. 흔히 부부가 각자의 자식을 데리고 재혼한 경우다. 부모가 이혼과 재혼을 거듭해서 복잡한 형제관계가 이들에겐 평범하다. 정말 이젠 자연스런 영국 사회의 풍속도가 되었다. 우리 아이들이 친구들 얘기하는 것을 들으면, 스텝step(의붓) 아빠, 스텝 엄마, 스텝 형 등의 단어가 일상 용어처럼 자주 아무렇지 않게 등장한다. 상점의 생일 카드 칸에도 스텝 아빠께, 스텝 아들에게, 스텝 딸에게 등으로 스텝용이 잘 갖추어져 있다. 교회에서도 가정과 결혼은 언급하기 어려운 주제가 되었다.

오죽하면 정부가 결혼 가이드 책을 냈다. 이혼율이 너무 높아서 결혼이 무엇인지 어떤 준비를 해야 하는지 자세히 써 주었다. 많이 환영했지만 얼마나 도움이 될지 모르겠다. 결혼한 지 20년, 30년 됐다는 사람에겐 바로 "참 운이 좋군요"라고 반응한다. 어떤 성공회 주교가 "젊은 부부가 자식을 갖지 않으려는 것은 이

기심의 발로"라고 한마디 했다가 벌떼 같이 쏘아대는 항변에 부딪혔었다. 역사상 가장 가족을 중시했던 빅토리아시대를 지나며 공고해진 가족 유대감이 이제 큰 부분 해체된 듯하다. 자유와 독립의 응결체인 개인주체의식도 더 삭막해지는 듯하다. 사회보장제가 튼튼하고 사회의식, 시민의식이 견고하여 버티고 있는 한편으로, 복지제도의 장치들이 가정의 구멍을 막기에 급급해 보이기도 한다. 교육이 가정의 결핍을 보완해주니 그나마 다행일까.

8 활동 학습(1)

교육부가 초등학교 교사들에게
"공부 좀 많이 시켜주십시오"하고 주문했을 때,
엄마들의 즉각적 반응은
"학교는 재미있어야 돼요!"였다.

토니 블레어 노동당 정부가 1997년 총선 때 내건 슬로건은 '교육 교육 교육'이었다. '제 3의 길'이라는 그들의 이념적 방향은 교육을 강조하는 모양새로 나타났었다. 그 길이란 것이 국민이 볼 때는 뚜렷한 실체가 없는 것이긴 해도, 교육의 수준을 높이고 교육 복지를 향상시키겠다는 정부의 의지는 환영할 만했다. 교육부도 초기에 보란 듯이 의무교육에 재원을 붓고 있다고 전시하곤 했다. 그러나 진작부터 국가의 지향에 대한 국민적 공감대가 형성되어 있어서 세부적인 내용만 바꾸지 큰 방향은 거의 그대로인 이 나라의 대부분의 정책들처럼, 필자가 보기에 교육 또한 별반 다를 바 없이 하던 대로 하는 것 같다.

학교는 즐거운 곳

민주주의 교과서 같은 이 나라의 정치는, 국민이 원하는 바를 실현하는데 초점이 맞춰져 있고 또 민의가 국정에 곧잘 투영되는 시스템을 갖추고 있다. 영국은 정부가 국민을 주도하지 않는다. 오히려 국민의 뒤에 바짝 따라붙고는 불만을 재빨리 알아내서 해결해 주려고 노심초사한다.

때로는 영국 사람이 얄미울 정도다. 어쩌면 이처럼 삶의 질을 잘 붙드는가 싶을 때가 있다. 교육부가 초등학교 교사들에게 "공부 좀 많이 시켜주십시오"라고 주문했을 때, 엄마들의 즉각적

인 반응은 "학교는 재미있어야 돼요!"Children should enjoy the school!였다. 공부에 치중하다 보면, 똑같이 중요한 전인교육과 다른 활동이 축소되고 경쟁적 분위기가 조성되어 결국 아이들에게 부담을 지워주게 된다는 말이다. 모든 교육 활동의 수준을 높이는 것은 두 손 들고 반기겠으나, 공부나 성적에 무게를 더하는 방안은 사절하겠단다. 행사를 마치고 나오는 아이들에게 엄마들은 '즐거웠니?'Did you enjoy it?라는 말을 건넨다.

기본 셈은 물론이고 쉬운 문장도 쓸 줄 모르는 초등 졸업생이 상당하다는 사정 때문에, 또 국민의 역량을 한층 끌어올려야 하는 시대적 요구 때문에, 교육부는 교사들을 재촉하는 반면에, 비판자들은 예체능 활동이 줄면 큰일이라면서 견제의 고삐를 바짝 당긴다. 그래 보았자 교사들이 수업 지도에 좀 더 부담을 느끼는 이외에는 실제로 달라질 것은 별로 없다. 교육부 장관의 권고도 –이들에겐 '지시'란 개념은 생소하다– 학습 효율성에 더 신경 쓰라는 것이지 전통과 균형을 깨라는 뜻은 당연히 아니다. 전인교육이라는 교육의 좌표는 항시 또렷하다.

다양한 활동은 삶을 풍요롭게

초 중등 학교에서 학습 외에 하는 활동은 크게 세 가지로 나뉜다. 세계 어느 곳이나 학교라면 다 할 법한 예체능 분야, 특활

및 교내 행사, 그리고 견학과 여행이다.

　어떤 과목이건 중요한 학습법 하나가 그려보는 것이므로 그림 그리기는 일상이라 하겠다. 간혹 따로 정물화나 풍경화를 그려서 붙여 놓기도 하는데 미술에 재능 있는 아이도 물론 있다. 솜씨가 좋다기보다는 혼이 깃든 듯 그림이 참 좋다 싶은 것을 뽑아 걸어 놓았다. 복도에 걸린 초등학생의 그 그림이 기억에 남아있다.

　음악 역시 다반사로 한다. 음악 시간이 따로 있는 것은 아니고, 부활절, 크리스마스, 학년말 공연에 꼭 끼는 게 합창이므로 매 학기마다 노래를 많이 배운다. 악기 교습 제도도 잘 마련되어 있다. 집에서 개인적으로 하는 방법과 학교에서 교습 받는 것, 두 가지가 있다.

　학교 레슨은 시 교육부가 자격 심사로 기악 교사를 선발해서 관할한다. 기악 교사는 대부분 개인지도를 해 온 사람들이다. 정식으로 전공한 이도 있고 경력은 미비해도 실력과 경험이 있으면 가능하다. 악기별로 교사들을 확보해 놓고, 각 학교에서 레슨 신청자를 파악해 주면 시간표를 짜서 주 1회씩 학교를 방문하게 한다. 우리 두 아이는 개인 교사에게 배우다가 학교 레슨으로 옮겼다. 개인 교습보다 싼 만큼 시간이 적다. 한 주에 1회 15분씩에 4파운드 2000년 무렵 정도다. 부모가 학교에 내는 레슨비는 지역 교육부로 가고 교육부는 모아서 교사에게 할당액을 지불하는 방식이다. 교습생은 한 주간 연습해와야 하고 짧은 교습 시간인 만큼 빡

빡하게 한다. 학기당 10회이니 1년에 30회 하는 셈이다. 이 작은 도시의 아이들이 악기를 많이 하는 것 같지는 않으나, 일단 하면 학창 시절 내내 계속하는 경우가 많은 것 같다. 음악가가 되려거나 전공하려는 경우는 다른 트랙이 있을 거라 여긴다.

개인 교사는 학생 집을 방문하는 이가 있고 자기 집으로 오게 하는 경우도 있다. 교사에 따라 또 악기에 따라 레슨비가 다르다. 피아노는 40분에 학교 교습비의 두 배 정도 된다. 대도시에서는 당연히 더 비싸다. 우리 아이들이 배웠던 개인 교사는 크리스마스 즈음에 모든 생도를 모아서 연주회를 열어주었다. 배운 것을 공식석상에서 실연해보고 또 다른 사람의 연주를 경청하는 음악적 소양을 쌓는 기회가 되었다. 선생님 자신이 비용을 부담했고, 연주회 막간에 음악 게임도 준비해 와서 부모와 아이들이 팀을 만들어 잠시 즐기기도 했다. 부모들은 음료수나 간식을 한 가지씩 가져와서 음악회 마치고 서로 나누는 시간도 가졌다. 모든 배움이 생활에 자연스럽게 녹아있다.

음악 자체를 이해하고 즐기게끔 가르친다. 기타도 드럼도 다 레슨 대상이다. 어느 수준이 되면 학교 교사나 개인 교사가 공식적인 등급 시험을 보게끔 주선한다. 다 저 좋을 대로 악기를 배우지만, 아이들이 재능을 열고 스스로 재어보게 하는 제도가 깔끔하게 정착되어 있다. 작은 오케스트라 같은 그룹이 지역 어디나 있어서 일정 등급에 이르면 끼어서 연주해볼 수 있다. 학교에서도 기회가 있을 때마다 합주하도록 해 준다. 중등학교에서는 학

생들로 구성된 자체 오케스트라가 있어서 행사 때면 한 몫 한다. 오디션을 거쳐 뽑고, 좋은 학교일수록 규모가 크고 탄탄하다는 인상을 받는다.

음악을 전공한 한 엄마로부터 들은 얘기다. 유학 온 한 여고생이 한국에서는 첼로를 상당히 잘한다고 했단다. 그런데 등급시험에서, 아직 많이 배우지 않은 초등학교 저학년인 그 엄마의 딸보다도 낮은 점수를 받았다고 한다. 흉내를 잘 냈을 뿐이라는 것이겠다. 자기의 마음과 느낌을 담아서 연주한 어린아이가 제대로 음악을 한다는 평가이다. 여기서도 바로 그것 **in your own words**이다. '너 자신의 소리를 들려줘'이다. 마치 단어 철자가 틀리고 문장이 엉성해도 표현하려는 내용이 좋으면 '잘했다! 훌륭해!'라고 선생님이 써놓은 것과 같다.

마음을 진솔하게 그려낸 아이의 작품 앞에 섰을 때나 음악을 즐기도록 배우는 아이들을 볼 때 부러움을 느낀다. 그 한국 엄마는 방학 때 운영하는 음악 서클에서 아이들이 그렇게 즐거워하며 연주하는 것을 보고서 참으로 부러워했다고 한다. 지금 우리 교육이 자유와 교양을 북돋우고 삶을 풍요롭게 하는 것일까.

운동도 마음껏

운동 또한 많이 한다. 어떤 영국인은 학교가 공부는 안 시키

고 운동만 저렇게 시키니 뭐가 되겠냐고 투덜거린다. 19세기 때부터 학교에서 운동은 체력 뿐 아니라 정신적 영향 때문에 육성되어왔다. 자라는 아이들이니 마음껏 활동하도록 해야겠으나 시민교육상 규율을 잘 따르고 협동심을 키우는 것이 요긴했다. 지금도 운동은 개인주의가 발달된 이 사회에서 몸을 부딪치며 협동심을 배우는 중요한 방편이다.

체육 정규 과목 외에 서클 활동 형식으로도 운동을 많이 한다. 축구, 농구, 크리켓, 야구, 체조, 발레 등을 모든 학교에서 다 하지는 않으나 몇 개씩은 운영한다. 수영은 필수여서 보통 초등학교 3, 4학년에 시작한다. 인근 실내 수영장에 매주 한 번 가는데, 수영장 이용료는 각자 부담이다. 목표를 달성하면 고래가 그려진 종이 자격증을 주기도 한다. 사립학교는 일반 학교보다 학습 시간이 긴 만큼 온갖 종목의 운동을 격식을 갖추어 더 많이 하게 한다. B 학교에서는 방과 후 테니스반도 열었고 인조 스키장에 데려가는 스키반도 했었다. 비용은 개인 부담이나 결코 비싸지 않다. 중등학교에서도 운동의 비중은 크고, 초 중등 학교 모두 축구부는 학교끼리 시합도 자주 한다.

요컨대, 공교육이 모든 특활을 다 흡수해서 공평한 기회를 제공하는 체제이다. 앞서 말했듯이, 사교육비 개념이 없다. 사립학교 가지 않는 다음에야, 책과 학용품까지 무상이고 점심값과 별도의 음악이나 운동하는 경우 좀 드는 정도이다. 고단백저칼로리 학습을 하면서 특활도 학교에서 다 하고, 집에서는 놀 것 다

논다. 학교 운동을 무척 즐기는 큰아이를 보면서, 아이들이 저렇게 맘껏 뛰는 운동 시간이 꼭 필요한데, 한국 청소년들은 왜 그러지 못하나 싶다.

9 활동 학습(2)

그 아이는 1킬로미터 수영을 한 뒤

바로 3킬로미터 거리를 자전거로 달리고

이어서 5킬로미터를 뛴다고 했단다.

큰아이도 3파운드 보탰단다.

그렇게 친구들의 기부를 받아서

그 돕기 행사에 보낸다고 한다.

학교 행사로는 크고 작은 공연 외에 학교 잔치, 운동회, 기부 행사 등이 있다. 학교 홀이나 운동장에서 열리는 이 행사들이 있을 때마다 학부모를 초대한다. 미리 티켓도 배부한다. 공연에는 노래, 춤, 연극이 어우러지고, 6학년의 공연은 졸업 작품이라 할 만큼 제법 근사하다. 학교에 따라서는 크리스마스 공연에 큰 비중을 두고 묵직하게 치르기도 한다. 성탄절 기념 행사는 초등학교라면 다 하는 것으로 전통을 이어가는 한 방법일 게다. 주제는 늘 '예수의 오심'인데, 학교에 따라서는 최신식 뮤지컬에 방불한 무대를 선보이기도 한다. 성공회 소속인 D 학교가 그랬다. C 학교는 학년말 공연에 심혈을 기울였고, B 학교에서의 공연 역시 수준 높았다.

재미 쏠쏠한 학교 잔치, 심심한 운동회

학교 잔치는 보통 첫 학기말 겨울과 학년말 여름에 두 번 한다. 놀이와 중고품 바자회가 결합된 형태다. 때가 가까우면 학부모는 집에 있던 소품과 중고물품을 자발적으로 학교에 갖다 준다. 당일에 고학년 아이들이 그 물건들과 엄마들이 만들어준 먹거리를 판매하고 한편으로는 게임 재료를 배열하고 관리한다. 여름잔치에는 바비큐에서 피어 오르는 연기가 한껏 분위기를 돋운다. 아이들, 교사들, 부모들이 잔치 한판 하는 것이다. A 학교 있을

때는 여러 학교가 연합해서 큰 여름시장market을 열기도 했다. 여름시장에는 풍속 놀이를 많이 하고 크리스마스 때는 실내에서 할 수 있는 소소한 게임이 주종이다. 바자회에서 생긴 수입은 아이들을 위해 사용한다. 통신문에 '이번에 얼마 수입 올렸습니다'라고 알리고 '감사!'한다.

잔칫날 바자회에 나온 물건이 학교의 지역 배경을 드러내는 것을 알았다. B 학교 판매대에는 쓸 만하고 반듯한 물건이 많았고 학부모들이 새 것을 기증하기도 했다. 그러나 신설 C 학교의 바자회에 나온 물품은 민망스러울 정도여서 점차 게임을 많이 하는 쪽으로 방향을 잡았다. 중등학교의 바자회는 한층 잘 갖추어진다. 물건 레벨이 다르고 따라서 수입 단위도 다르다. 학생의 복지를 향상시킬 좋은 소재가 된다. 바자회 후감 하나를 소개한다.

CRG Secondary School
(채리티 등록번호 0000000)

2001년 10월
교사들, 학생들, 학부모들께

2001 가을장: 성공적 개최

변덕스런 날씨조차도 지난 토요일, 9월 29일에 열린 정기 가을장의 분위기를 누그러뜨리지 못했습니다. 비가 왔음에도 참석률이 높았고, 모금도 5천 파운드 이상입니다.

각양각색으로 바자회를 준비하고 지원해 준 교사들, 생도들, 가족들께 심심한 감사를 드립니다.

케이크를 만드신 분, 추첨용 상품을 기부해 주시고 경품권을 구입해 주신 분, 진열대 설치 작업을 도와주신 분, 진열대와 게임용 도구를 조달하신 분, 기꺼이 돈을 써 주신 분, 그리고 정리 작업에 협조 해주신 분들께 감사 드립니다.

개인적으로 진열대를 설치해서 이익금을 학교에 기부해 주신 분들과, 경품을 위한 상품을 헌납해 주신 인근의 회사들과 사업체들께도 감사 드립니다.

CRG는 학교의 이익을 위해 기금 모으는 일을 합니다. 기금으로 구입한 물품으로는 그랜드 피아노, 음향기기, 디지털 카메라, 축구공, 학급 게시판, 그 외 많은 용품이 있습니다.

행사 준비 위원회는 매달 한 번씩 모임을 갖고 있으며, 새 회원은 언제나 환영합니다. 참여나 어떤 식으로든 돕고자 하는 분들은 ooo에게 연락해 주시거나 연례 총회에 오시면 됩니다. 총회는 2001년 10월 30일, 오후 8시 30분에 학교 도서관에서 열립니다. 우리가 노력한 만큼 모든 학생이 혜택을 받습니다. 그러니 연중 아무 때나 시간을 조금이나마 할애하실 수 있다면 무척 고무적일 것입니다.

가을장이 성공적으로 치러지도록 도운 모든 분들께 다시 한 번 감사 드립니다.

ooooo
가을장 준비 위원장

CRG 학교 위원회 대표　　　　　　　　　　　　　일련번호 ooooo

우리가 보기에 운동회는 시시하다. 학교 잔칫날이 따로 있기 때문일 것이다. 그래도 공부 안하고 종일 노는 기분이니 아이들은 좋다. 놀이인지 운동인지 여러 가지를 그야말로 두루 한 번 해보는 것이 운동회다. 하지만 개인전이 아니라 철저하게 단체 활동이다. 학년을 섞어 여러 그룹으로 나눈다. 그런 그룹이 열 몇 개 되고, 각 그룹은 또 열 몇 개의 종목을 차례로 다 해본다. 민속경기 종목도 적잖으니, 우리로 치면 제기차기, 널뛰기 같은 것도 포함한다는 말이다. 종목마다 그룹별 점수를 매기고 끝에 전 종목 점수를 합산해 고득점 한 팀을 가린다. 그러니까 그룹 내의 협력이 중요하다는 말이다. 혼자 잘한다고 될 일이 아니다. 경쟁심이라고는 없는 초등학생들은 점수에 아랑곳없이 엄마에게 손 흔들어가며 공차기를 하고, 엄마는 또 느림보같이 어슬렁거리는 아이에게 '잘 한다'고 소리친다. 그런 식이다.

운동회

채리티 charity는 일상

그밖에 교내 행사는 대개 디스코 파티와 채리티, 즉 기부 행사가 있다. 3학년 정도부터 디스코 파티에 참석할 수 있다. 저녁에 한두 시간, 간식 포함 1, 2파운드 받고 학교 홀에서 놀게 한다. 조명에 음악까지 최신식으로 깔아준다. 부모가 데려다주고 데려가야 함은 물론이다. 춤에 관심 없는 큰아이는 친구들과 어울려 노는 재미로 빠지지 않고 간다. A 학교에서는 같이 어울릴 수 있게 부모도 초대했다. 학년말 학급 파티는 각자 과자와 빵을 조금씩 가져가서 한다.

채리티는 영국인 생활의 필수다. 생활이니 학교에서도 배워야 한다. 감사절이나 긴급한 필요가 있을 때 몇 개의 품목을 정해주면 아무거나 알아서 마련해간다. 품목은 1파운드 이내로 주로 가공식품이다. 가져가도 선생님은 그냥 고맙다고만 하고 이름을 써놓지 않는다. 학교에서 기부는 어떤 경우에도 체크하지 않는다. 기부는 자원하는 것이기 때문이다. 모은 물품은 주로 제3국 재해지역에 보내거나 지역의 어려운 사람들에게 전달하기도 한다.

시내 한복판에 있는 중고품 가게는 영국 도시의 한 풍경이다. 올림픽 경기장보다 조금 큰 정도의 콜체스터 시내 중심가에 채리티 가게가 무려 14개나 있다. 입던 옷 중 쓸 만한 것, 장신구, 책, 신발, 가방, 그릇, 작은 전기용품, 장난감, 자잘한 실내용품 등을 기부하면, 자원봉사 부인들이 정돈해 놓고 판매한다. 이익금은 각

종 채리티용으로 사용된다. 필자도 채리티 가게 덕을 톡톡히 본 셈인데, 무얼 입었건 아무 신경 쓰지 않고 자유롭게 다닐 수 있는 이 분위기가 한국 가면 무척 그리울 것 같다.

중고 가게

채리티의 역사가 유구하듯, 채리티 가게 운영은 프로급이다.
고객을 끌 수 있는 버젓한 매장으로 차려놓는다. 반듯한 중고품들이 기부자들의 정성과 자원 봉사자들의 숨은 수고를 머금고 있다.

중등학교에서는 정기적으로 중고 가게를 연다. 교복도 돈이 좀 들고 운동복과 운동 도구 등 갖추어야 할 것이 초등학교 때보다 많으므로, 형편이 어려운 학생들을 배려하기 위함이다. 약자를 돕는 장치가 사회 구석구석에 마련되어 있다. 그래머스쿨도 매년 7, 8회씩 '교복중고가게'Uniform Thrift Shop를 운영한다. 큰아이 입학 때 상의 교복으로 중고를 사 입혔다. 가격이 새것의 10퍼센트이니 퍽 도움이 된다. 몸이 큼에 따라 운동 도구도 치수를 늘려야 하는데 헐값으로 장만할 수 있어 좋다. 큰아이는 새 하키 스틱을 사려니 아까운지 때를 기다렸다가 중고로 구입했다. 중고 가게를 위해 학교는 미리 광고를 한다. 예를 들면,

팔만한 중고품 혹은 기부용 물품이 있으면 정해진 시간에 가져오거나 미리 갖다 놓기 바랍니다. 학생 이름과 반 번호가 잘 보이게 써놓거나 아니면 그냥 '기부'라고 써놓으면 됩니다.

아이들도 채리티 정신, 나누고 돌보는 정신이 몸에 배어 있다. 큰아이 급우인 8학년 한 아이는 전국 행사인 '불우아동 돕기'에 참여한다고 스스로 채리티 행사를 마련했다. 자기가 3종 운동을 할 테니 자기의 취지에 호응하는 친구는 기부금을 내라는 것이었다. 그 아이는 1킬로미터 수영을 한 뒤 바로 3킬로미터 거리를 자전거로 달리고 이어서 5킬로미터를 뛴다고 했단다. 큰아이도 3파운드 보탰단다. 그렇게 친구들의 기부를 받아서 그 돕기

행사에 보낸다고 한다. 영국 학교는 이런 시민의식을 길러낸다.

여행과 단체 훈련

영국 초등학교에서 소풍은 없다. 자연 관찰이나 현장 학습 갔을 때 샌드위치 먹는 정도 있다. 큰아이 3학년 때 2박3일 컨스터블의 고택에 갔던 것은 현장 학습이었다. 여행은 고학년용이다. 우리가 사는 잉글랜드 동남쪽은 유럽 대륙과 가까워 학교들이 당일 여행 혹은 며칠 동안의 여행 목적지로 프랑스나 네덜란드 쪽을 곧잘 택한다. B 학교에서 큰아이 반이 당일 여행으로 프랑스 해변 도시에 갔을 때, 작은아이와 나는 동행할 수 있었다. 5학년 때 큰아이 반은 웨일즈에 -여기서는 프랑스보다 웨일즈가 훨씬 멀다- 5박6일 다녀왔다. 단순한 여행이 아니라 일종의 야외 훈련이었다. 1년 전서부터 할부로 회비를 내게 하고, 수영 못하는 아이를 위해 수영반을 운영하면서 준비시켰다. 펜싱, 카누, 뗏목타기, 밧줄 오르기, 줄타기 등 이런저런 종목을 해보면서 노는 여행이었다. 심신 단련이라는 일종의 그런 것인가보다.

중등학교에서는 여행이나 단체 훈련을 더 많이 하는 것 같다. 그래머스쿨 7년 다니면 영국이나 가까운 유럽의 명소를 두루 가보게 된다. 작년 9월에 입학한 큰아이는 올 2월에 5박6일 유럽 여행, 7월에는 프랑스 당일 여행을 다녀왔고, 거기에 학년말 유

야외 훈련 여행

웨일즈에서 5박6일
5, 6학년

흥으로 잘 알려진 놀이동산에 갔었다. 내년 2월 중간 방학 때는 오스트리아의 유명한 스키장에 스키 훈련 간다고 벌써 지원자를 받았다. 100만 원에 육박하는 비용도 부담이지만, 그런 것까지 갈 것 있겠냐고 하니 아이도 선선히 "안 가도 돼요"했다.

학습에 관계 있는 것이면 현장에 직접 가보기도 하고 런던에서 하는 연극도 단체로 관람한다. 실물교육을 위해 이용 가능한 소재는 다 활용한다. 사립학교는 더 자주 그리고 고급의 여행이나 행사를 치른다. 학교에서 음악회도 자주 열고 고급 스포츠와 문화를 즐기는 프로그램을 여러 모로 주선해준다.

말하기, 듣기

활동 학습에서 빼놓을 수 없는 것으로 '발표'가 있다. 초급 단계로는 '한 가지 말하기'one news talking가 있다. 한 주간 생활 중에서 한 가지를 선택해 학급 친구들에게 얘기하는 것이다. 가령, 시계 선물을 받았으면 들고 가서 보여 주며 설명한다. 그때 발표한 시나 글이 좋으면 전체 모임에서 낭독할 기회도 준다. 고학년이 되면 선생님이 정해주는 주제에 따라 글짓기를 하고 학급에서 발표한다. 얼마나 조리 있게 썼는지, 전달을 잘하고 있는지 서로 점검하게 된다. 앞서 언급한 연계 학습 프로젝트는 협동심을 키워줄 뿐 아니라 누구나 발표하는 기회를 제공하기에 더욱 의미

있다. 좋은 공부다.

　그래머스쿨에서도 자주 발표를 시킨다. 우선 자신의 의견과 주장을 논리적으로 설득력 있게 작성할 수 있어야 한다. 주제도 매우 시사적이다. 예를 들면, 7학년 학생에게 광우병에 대해 조사하고 자기 의견을 제시하라고 한다. 다른 관점과 견해를 들으면서 자기 것을 검토하는 연습을 하니 얼마나 유익한 학습인가. 학습 내용과 방식이 민주 시민의 자질을 길러준다. 자기 생각을 체계화하도록 자극하고 단련시켜 주는 것이다.

　올해 2001년 총선 직전에는 학교에서 모의투표를 했다고 한다. 우리 나이로 초등 6학년부터 고등학생까지의 학생들에게 노동당, 보수당, 녹색당, 독립당 중에서 택해보라는 것이었다. 관심을 유도하고 생각도 해보라는 뜻이다. 시민의 권리와 의무를 잘 챙기는 능력을 갖게끔 학교가 후세대를 지도한다. 토니 블레어가 선거 직전에 말했다. "윌리엄 헤이그$^{보수당\ 당수}$가 물론 나의 적일 것입니다. 그러나 진짜 적은 선거에 무관심하거나 투표에 참여하지 않는 사람들입니다"라고. 자신의 적과 민주 사회의 적을 동일시했다. 영국의 정치 지도자 대부분은 민주주의와 자유와 정의라는 가치에 헌신할 각오가 되어 있는 사람들이다. 그들은 진실로 그 가치를 사랑하고 그 때문에 올바르게 처신한다. 이슬람 근본주의라는 말을 요새 자주 듣는데, 영국 정치가들은 당파를 막론하고 '자유민주주의 골수분자들'이다. 블레어 수상은, 역설적이게도, 비판 받는다는 것이 '광신적 도덕주의자'$^{moral\ fanatic!}$이다. 이

나라 정치판은 한국 사람인 필자에게 한마디로 신선놀음의 경지로 보인다. 그래서 선생님이 아이들에게 힘껏 도덕을 가르칠 수 있고, 거리낌 없이 선거 모의투표를 추진할 수 있다.

활동하며 배우는 산교육의 예를 하나 더 들자. 몇 달 전에 갔던 큰아이의 당일 프랑스 여행은 이름난 성당을 관람하는 겸해서 그동안 배운 불어를 연습하는 것이었다. 교장 선생님과 몇 교사가 7학년과 동행하였고, 불어 교사는 미리 15쪽 짜리 소책자를 만들어줬다. 불어로 여행과 관련해서 항목별로 내용과 그림을 만들어 놓고 거기에 합당한 답을 찾게 했다. 날씨, 여행 경로, 물품 이름, 가게 풍경, 성당 내부, 성당 주변지도, 불어 단어 게임, 새로 익힌 불어 단어 —티켓부터 영수증까지— 써보기, 소감 작성하기, 게다가 화장실 용어에 이르기까지 이 모든 내용을 다 포함한 책자에 근거해서 관광하고 관찰하라는 것이었다. 불어 회화도 구사해보도록 안내했다. 그리고 책의 빈칸을 채워서 제출해야 했다. 결코 쉬운 공부는 아니지만, 9개월 불어 배우고 이렇게 실습시키니 그간 배운 것이 산지식으로 저장되는 것이다.

그래서 제대로 공부한 고교 졸업생은 불어나 독어로 웬만큼 의사소통이 가능해진다. 우수 대학의 학생들은 라틴어 지식을 가졌음은 물론 필요하면 불어나 독어 서적을 참고하는 것이 어렵지 않다. 우리로 치면, 한문 실력이 상당하고 중국어 회화를 조금 할 줄 알고 일본말로 여행할 만하며, 일어 책 참고도 가능한 수준이다. 우리가 영어를 배워야 하는 것이 큰 차이이겠다만…. 대학

에서 국사 에세이를 쓸 때, 필자는 변변찮은 한자 실력과 일어를 읽을 수 없는 것에 갑갑해했던 기억이 있다. 잠시 따로 일어를 공부하기도 했으나 곧 다 잊어버렸다. 영국과 프랑스, 프랑스와 독일은 서로 싫어하면서도 서로의 언어를 배운다.

문화적 소양은 문화의 주춧돌인 언어에 대한 소양과 비례 관계에 있다. 우리말의 아름다운 운율과 정교한 표현을 살리고 가꾸는 작업과 한자를 제대로 익힘은 서로 별개의 과제이면서 동시에 추구할 수 있다. 자기 것에 자긍심을 갖고 있으면서 남의 것을 자기 필요에 복속시킬 수 있는 능력도 문화적 소양에 포함될 것이다. 우리 대학생들에게 일반화되어 있는, 학문의 기초 언어나 도구의 결여는 우리 교육의 결핍을 반영하는 것이다. 그것은 더 근원적으로 참된 시민사회의 구성요건, 곧 자기 문화에 대한 이해와 애정의 결여를 드러내 주는 것이다. 정신적 바탕이 돈독하지 못한 상태에서 하는 조기 영어 교육이나 외국어 교육인들 제대로 될까.

아줌마임이 좋은 필자는 학문적 지성은 평생 요원한 푯대이니 제쳐두고, 이들 서구의 일반 시민의 지성이라도 닮아보려 한다. 영국은 아름다움이 무엇인지 내게 잔잔히 잘 가르쳤는데, 눈이 열릴수록 정작 아름다운 것이 우리 고유의 것임을 깨닫게 되고 그 미학에 뿌듯해한다. 아주 오랜만에 보았던 다보탑, 석가탑의 격조 높은 아름다움에 경탄하게도 되었다. 화려한 본차이나 도기가 옴팍하고 은은한 우리 도자기 그릇보다 미적으로 낫기만

할까 싶다. 한옥의 정취와 품위가 자랑스럽기도 하다. 그래서 서구 걸작들의 가치를 음미하고 즐길 뿐 부족을 느끼지는 않는다. 한국의 강산이 심정에 단단히 자리하고 있으니, 창조주께서 주신 이국 땅의 근사한 풍경도 넉넉한 마음으로 향유하고 감사한다. 고등학교 때 읽은 한국 단편문학의 언어가 얼마나 매혹적이었던지, 필자는 두 아이가 그 묘미를 모르게 될 것 같아 안타깝다. 글짓기를 좋아하는 작은아이를 생각하면 어서 돌아가기를 바라지만, 이 아이의 유년이 다 흘러가고 있으니….

10 실력파 섬김이 엘리트

고등교육을 받은 사람들이

자기 특권을 챙기는 것보다는

민중과 공동체를 위하는 것을

더 중요하게 생각했다.

주인인 귀족 식구가 정찬을 다 마칠 때까지, 제복 입은 시종이 자기 배의 쪼르륵 소리를 들으면서 식탁 언저리에 빳빳이 서 있었다는 것은 그리 먼 옛날 얘기만은 아니다. 2차 대전 즈음 그러니까 노동당 결성 후 40년이 지난 뒤에도 흔히 볼 수 있는 풍경이었다. 시대와 맞지 않는다고 2차 대전 후에 옛 저택과 영지가 많이 허물어지거나 공유화 되었지만, 21세기 초두에도 귀족은 대물림 되고 때가 되면 여왕에 의해 추가되고 있다. 나라의 명예를 높이거나 공을 세운 사람들에게 곧잘 주어지는 Sir나 Dame 타이틀과는 달리, 귀족 지위는 상응하는 품격과 업적을 지닌 사람에게 심사숙고 끝에 주어진다.

계급과 고급 학교

왕실과 귀족이 궁전과 대저택을 소유하므로, 시중 드는 직업인 또한 여전히 있다. 정문을 들어서고도 제법 차를 몰아야 본관에 당도하는 그런 집에 초대받으면, 단정한 복장의 관리인이 현관에서 깍듯하게 맞아 주는 영화 속의 장면이 아직 현실임을 알게 된다. 귀족 생활의 상징으로 계승된 사냥을 제지하려는 움직임도 바로 근년에 시작된 일이다. 사냥 반대자들은 동물보호라는 측면을 내세우지만, 찬반논쟁 이면에는 상류층에 대한 일반인의 불편한 감정이 숨겨져 있다고도 한다.

민주주의 모범이라는 이 나라에, 왕실이 존속하는 유럽의 어떤 나라보다 신분 구조가 선명히 남아있어서, 사람을 계급으로 묶는 클래스class라는 묵은 단어가 여태 사용되고 있다. 그래서 영국에서 상류층, 중간계층, 노동계층이란 단지 경제적 수준을 분류하는 용어가 아니다. 각 클래스는 나름의 문화와 삶의 태도를 갖고 있다. 그리고 그 현상은 교육에서도 나타난다.

단적인 예로, 축구는 노동계급의 놀이로 여겨온 전통 때문에 그래머스쿨에서 체육 과목에 들지 못했었다. 학교가 다양해서 다 그러지는 않으리라 보는데, 콜체스터 그래머스쿨은 2000년 9월에야 축구를 체육 프로그램으로 승격시켜 주었다! 럭비, 하키, 수영, 크리켓, 테니스 등은 필수 장려 종목이어도, 영국에서 시작됐고 막강한 세계성을 지닌 축구는 학생들이 쉬는 시간에 저들끼리 하는 것이 고작이었다. 한때 선망의 축구 스타였던 데이빗 베컴을 두고 매스컴은 노동계층의 우상a working-class idol이라고 칭했다.

그래머스쿨은 대개 중세 말에 설립되기 시작했는데 라틴어 문법을 학습의 중심으로 삼았기에 문법학교, 그래머스쿨이라 불렸다. 라틴어와 또 더 뒤에는 헬라어를 배우면 교회와 사회의 필요에 부응하는 고등 인력이 될 수 있었다. 처음부터 기부금으로 세워졌고 현재는 무상 공립학교여서 노동계층도 많이 입학할 것 같으나 그렇지 않다. 그래머스쿨의 학부모는 중간계층 이상이 주류를 이룬다. 에섹스주 인근의 켄트주처럼 그 주의 6학년 전체의 30퍼센트가 입학할 만큼 그래머스쿨이 많은 지역은 그런 상관관

계가 다소 느슨하리라 짐작한다만, 2퍼센트 이내만 갈 수 있는 에섹스주의 그래머스쿨에는 그 특성이 여실하다.

콜체스터의 남녀 두 그래머스쿨에서 이 타운 출신은 일부이고 에섹스주 여기저기서 통학하는 학생이 더 많다. 저 멀리 맨체스터나 버밍엄에서 와서 기숙사 생활을 하는 학생도 있다고 한다. 톱클래스 학교를 찾아서 온 드문 경우다. 큰아이가 친구들 집에 놀러 가거나 그들에 대해 잠깐 얘기하는 것을 들으면, 우리 가족이 소득 수준상 상당히 낮은 부류에 속하는 것 같다. 아이들 대부분이 중산층 이상의 가정배경을 가졌고, 사립 초등학교에 다녔던 아이들도 웬만큼 있다. 자기 집의 방이 모두 40개이고 자전거로 집 경계를 한 바퀴 돌기가 만만치 않다는 아이도 있듯, 더러는 사립학교에 가고도 남을 만큼 넉넉한 배경이다.

파블릭스쿨Public School을 비롯한 사립학교는 부유층과 상류층을 위한 학교이다. 이들 학부모는 우리나라 사람의 교육열과는 내용이나 정도에서 썩 다르지만 상당한 열의를 가지고 있다. 그래서 이들 역시 '학벌 제일주의'나 '성적 지상주의'에 대해서는 금시초문일뿐더러 우리 식의 교육열은 없는 편이어도, 일부 극성파를 접하면 딴 세상이다. 2살부터 받아주는 유명하다는 사립학교 부속 유치원에 아이가 태어나기도 전에 혹은 몇 개월 된 아기의 이름을 대기자 명단에 올리는 부모들이 있다. 마이클 잭슨이 일전에 영국에 와서는 자기 어린 아들을 어떤 사립학교에 나중에 입학시키기로 하고 미리 기부금을 퍼주고 갔다는 뉴스도 들었다.

더구나 상류층과 부유층 자녀들이 명문 대학에 많이 진학했고 그들 중 소수는 최고 직위에 이르는 것이 어렵지 않다는 사실은 잘 알려져 있다. 심지어 영국은 5퍼센트만 제대로 공부시킨다는 농담 반 진담 반 얘기도 있다. 결코 맞는 말은 아니지만, 전체 학생 중 10퍼센트 미만을 차지하는 사립학교와 또 적은 비율의 그래머스쿨을 두고 하는 말이기는 하다.

'파블릭'이 우리말로는 공립적인 것을 뜻하나, 알다시피 파블릭스쿨은 사립학교다. 그렇게 불리는 데는 내력이 있다. 과거에 상류층과 부유층은 입주 개인 교사를 두고 자녀교육을 했다. 대신 집 밖에서, 단체로 학생과 학비를 받아 숙식을 제공하며 교육하는 학교를 파블릭스쿨 혹은 보딩스쿨Boarding School 기숙학교이라 불렀다. 교육 여건상 비용이 많이 들고 따라서 극소수에게만 허락된 특전이었다. 가정 학교든 단체 학교든 둘 다 세금에 의존하지 않고 개인 등록금과 기부금으로 운영하니 사설 혹은 사립이다.

오늘날 사립학교에는 두 종류가 있다. 이튼을 비롯한 10개 안쪽의 유서 깊은 사립학교를 따로 파블릭스쿨이라 하고, 그 이외 나중에 전국 곳곳에 설립된 사립학교들은 그냥 사립학교다. 파블릭스쿨은 전통에 기초한 고급 교육 면에서 독자적인 위상을 견지하고 있다. 수백 년 된 이 학교들이 원래 그랬던 건 아니다. 가혹한 규율과 학생들의 부도덕성 때문에 악명 높았었는데, 19세기 중반에 뛰어난 개혁가들 덕분에 대혁신 되어 오늘날까지 명망을 유지하고 있다. 역사가 짧은 신설 사립학교 중에는 파블릭스

쿨의 명성을 뒤쫓고 있는 학교들이 있고, 유치원서부터 중등과정까지 다 포함하는 사립학교도 있다. 파블릭스쿨과 이 모든 사립학교는 '자립형 학교군'Independent Schools을 이룬다. 이 학교들은 정부가 주도하는 공교육 지침에 영향 받지 않고 개별적인 이념과 방법으로 운영하나, 큰 틀에서 공교육의 방향과 보조를 맞춰주고 있다. 어쨌든, 자유의 폭이 크다.

그래도 교육의 기회는 공평

영국 학교의 다양성은 한국 사람에게는 복잡하고 불평등하게 보일 수 있다. 귀족 학교가 있는 줄은 알지만 신분과 교육이 아직 그렇게 관계가 깊다니, 민주주의 영국이 달리 보일 수 있겠다. 이런 의문이 생길 만하다. 영국 교육은 엘리트 키우기를 중심으로 삼는 것일까? 사립학교와 그래머스쿨에 갈 수 없는 대다수 아이들은 불이익을 받거나 불공평하게 다루어진다는 말인가? 소위 명문 학교와 대학들이 있는데 학벌주의나 학연주의는 없나?

앞질러 말하자면, 현재2002년 영국에서 교육제도는 누구든 능력에 따라 원하는 대학에 갈 수 있을 만큼 공평하게 되어 있다. 이 사실은 뒷장 '입시 낙원'에서 좀 더 분명해질 것이다. 부모의 자산이 물론 자녀의 교육에 영향을 주긴 해도, 우리나라에 비하면 영국에서 대학 진학은 부모의 후원보다는 아이 자신에게 달려

있다고 해도 크게 틀리지 않는다. 대학 진학률에서 당연히 사립학교가 공립학교보다 나았었지만 차츰 달라지고 있다. 예를 들어보자. 옥스브리지는 일차로 대입 학력고사 성적에서 학생을 선발한 뒤에 자체 본고사를 통해 최종 신입생을 뽑았었다. 하지만 본고사는 1995년에 폐지되었고, 이후로는 공립학교 출신 신입생의 비율이 점차 높아졌다. 드디어 2001년에는 신입생 중에서 공립학교 출신이 많아져서 옥스퍼드 51퍼센트, 케임브리지 52퍼센트를 기록했다. 그 외 유수의 대학에서도 공립학교 졸업생이 더 많거나 압도적이다.

작년에 옥스퍼드대학 신입생 선발 과정에서 잠시 뉴스거리가 된 사건이 있었다. 한 여학생이 대입 학력고사 성적은 우수했으나 공립학교 출신이라는 이유로 대학 당국이 불합격 처리했다고 알려져서 물의를 일으켰다. 그 학생이 미국 하버드대학에 지원했더니 전액 장학금을 받으며 당당하게 입학했다면서 옥스퍼드의 처사가 부당하다는 데 뉴스의 초점이 맞추어졌다. 그 학생의 고향의 지역 신문이 공부 잘하는 공립학교 학생을 대학이 차별했다고 보도한 것을 총리와 재무장관이 언급함으로써 큰 문제로 부각되었다. 그러나 그때 설문조사가 보여주듯 다수 국민은 토니 블레어와 고든 브라운이 일종의 국면 전환용으로 그 문제를 들먹인 정치적 술수를 훤히 보고 있었을 뿐 아니라, 진상도 소문과 달랐다.

옥스브리지에 원서를 내는 학생들은 기본적으로 학력고사

과목 성적이 모두 A이기 때문에, 특별 전형으로 입학이 정해진 학생 이외에는 면접이 당락을 좌우할 만큼 중요하다. 자체 시험을 없앤 대신, 교수들은 면접 시간에 학생의 실력과 능력을 찬찬히 객관적으로 재어 본다. 질문에 답을 잘 못하고 나온 학생은 합격이 물 건너간 것이다. 그리고 해당 칼리지 학장은 입학사정은 대학 자체의 독자적이고 고유한 방식에 따라 하는 것이지 외부의 압력에 영향 받지 않는다고 단호하면서도 온건하게 응수했다. 면접하는 교수들이 학생의 출신 학교에 관심 가졌을 리도 만무하다. 2명을 뽑는 과정에서 그 여학생은 면접 점수까지 합해서 9명 중 7등이었다고 한다. 성적에 대해 일체 함구하는 대학이 굳이 공개하면서까지 사실을 밝혔다. 그녀는 스스로도 면접에서 실패한 줄 알았다고 한다. 하버드에서 1년 공부하고 다니러 왔을 때 인터뷰하니, 그녀는 옥스퍼드가 자신의 입학 심사를 공정하게 했다면서 진심을 토로했다.

올해는 이런 일도 있었다. 어떤 아버지가 옥스퍼드에 기부금을 냈음에도 자기 아들이 불합격하자 이제 기부하지 않겠다며 불평했다는 얘기가 알려졌다. 이왕에 원서를 낼 정도로 잘 하는 같은 조건이라면 기부금을 낸 학생을 뽑아 줄만도 하지 않느냐는 동정도 일었다. 그러나 위의 경우처럼 면접관이 부모가 누구인지 뭘 어쨌는지 알지도, 알려고도 하지 않았을 것이다. 그 칼리지 학장의 대응이 참 멋졌다. "입학은 능력의 친구요, 재력의 적이다!" Access is the friend of intellect but the enemy of income! 미국 대학에는 기부

입학제도가 있으나 그건 문화적 차이라고 말하고는, 영국은 기부금이나 재력과 무관하게 오직 실력을 기준으로 학생을 선발해온 전통을 지킬 것이라 했다. "때로 값비싼 대가를 치르더라도 그 덕목을 고수하겠다"고 선언했다. 하긴 큰소리 칠 수도 있겠다. 대학의 99퍼센트는 세금 지원받는 공립 성격인데다, 자식 결부시키지 않고도 기부를 곧잘 하는 풍토 덕분에, 옥스브리지 대학 재정이 그다지 쪼들리지 않으니 지조 지키기도 어렵지 않을 성싶다.

엘리트주의, 실력주의

이쯤에서 엘리트 교육에 대해 생각해 보자. 영국 사람이 자기 나라에 엘리트주의가 있다며 비판하는 소리를 한국 사람이 잘못 알아들으면, 일류 대학 학연주의나 학벌주의쯤으로 오해하기 쉽다. 하지만 영국에 그런 것은 없다. 얼마 전까지 명문 사립학교와 대학 출신들이 정치 경제 분야 최고위직의 다수를 점유해 왔던 것은, 학연주의 때문이 아니라, 언급했듯이, 신분과 교육의 관계 때문이다.

원래 대학은 상류층이나 신분 상승을 바라는 부유층, 혹은 학문적 재능이 특출한 사람이 가는 것으로 알았었다. 일반 대중이 고등교육을 꿈꾸기 어려웠고 별 필요도 없던 과거 계급적 사고방식이 20세기 후엽까지 사회 저변에 깔려있었다. 다시 말해

서, 지금까지 상류층과 부유층에서 엘리트가 많이 배출된 것은 그 부류가 대학의 주 고객이었기 때문이다. 복지국가로서 대학 등록금이 무상이었어도 1990년대 이전까지 공립학교 학생과 부모는 대학 진학에 큰 관심을 두지 않았던 것이다. 근래에 와서야, 삶의 기회를 넓히기 위해 대학 가려는 젊은이가 계층을 막론하고 조금씩 늘고 있는 형편이다.

블레어 총리가 고교 졸업생의 절반만이라도 고등교육기관에 진학하기를 바랄 정도이므로 우리와는 사정이 다르다. 현재 노동당 지도부만 해도 옥스브리지 출신이 보수당에 비하면 썩 적다. 그리고 이 나라에는 대학을 가지 않고도 자기 능력을 살리고 인정받을 수 있는 길들이 열려 있고, 대다수 국민은 행복한 삶이 학력과 관계 있다고 생각하지도 않는다. 대학들도 비교적 수준이 고른 편이고, 지원자에 비해 자리도 많이 모자라지 않으니, 몇 개의 대학 빼고는 진학이 수월한 편이다. 영국의 고등교육 대중화는 우리보다 진도가 늦고 앞으로도 천천히 진행될 것 같다. 대학은 필요하다고 생각하는 사람만 가기 때문이다. 40대, 50대에라도 맘먹으면 갈 수 있을 만큼 대학은 언제나 가능한 선택지이기도 하다. 최근에는 대학 등록금을 받기 시작했다. 대학 지원자가 증가하는 만큼 무상 등록금제도를 지속하기 어렵게 된 것이다. 내국인과 유럽 유학생은 적게 받고 그 외 지역 유학생은 원래부터 많이 받았다. 필자는 3년 이상 거주한 외국인에게 내국인 등록금을 적용하는 혜택으로 이 마저도 필자가 입학한 이듬해에 폐지되었다 저렴하

게 공부하고 있다.

　무엇보다 소수 엘리트 그룹이 별다른 비판을 받지 않고 오히려 지도력을 인정받아온 점을 주목해 보아야 한다. 주된 이유로는 먼저 노블리스 오블리제 때문이다. '귀족의 책무'라는 특권자의 헌신에 대해서는 뒷장에서 부연해서 다루고자 한다. 간단히 언급하자면, 익히 알려진 대로 상류층과 고등교육을 받은 사람들이 자기 특권을 챙기는 것보다는 민중과 공동체를 위하는 것을 더 중요하게 생각했다는 것이다. 그러니, 누가 재력이나 능력이 있어 사립학교나 대학을 다녔든 말든 크게 문제 삼을 것이 없었다. 꼭 공부할 사람만 해서 널리 유익하게 하면 되었다. 달리 말하면, 상류 지도층이 '가진 자의 의무'를 수행하려 노력했기에 계급사회가 유지된 것이다. 영국의 엘리트주의에 대해 말할 때는 언제나 노블리스 오블리제 전통을 들먹여야 한다.

　엘리트 그룹이 지도층으로 인정받은 또 다른 이유는 실력 때문이다. 그들은 실력과 능력 면에서 세계 정상급에 속한다. 이 나라 최고의 대학에서 가르치는 방식과 질은 독특하고 수준 높다. 뒤에 보겠지만, 영국의 고교 졸업반의 공부는 한국 대학생의 전공 영역에 버금가는 수준이다. 특히 옥스브리지의 마지막 3학년생의 -영국 대학은 3년제이고, 석사도 대부분 1년 과정이다- 실력은 미국의 우수 대학 석사 1년생의 실력과 비슷하다고 한다. 미국 사람이 이런 말을 하지는 않았겠고, 영국 이코노미스트지가 주장한 바다.

옥스브리지 학부의 교육 방식은 세계 제일이라 해도 될 것이다. 옥스브리지 학생은 수강 과목마다 거의 매주일 에세이를 쓴다. 많은 자료를 읽고 에세이를 쓰느라 밤샘도 다반사로 한다. 그리고 작성한 에세이를 놓고 담당 교수와 일대일로 토론한다. 개인교수법인 이 튜토리알tutorial 수업은 학생으로서는 피를 말리는 학문적 수련 과정이나, 얼마나 많이 또 깊이 배우겠는가! 교수와 튜토리알 수업을 하고 나오면 자신의 얕은 지식이 너무 부끄러워서 벽에 머리를 박고 싶었다는 학생의 얘기를 직접 들은 적이 있다. 그 같이 치열한 공부를 2년 반 정도 하고도, 단 한번 치르는 종합 시험에서 성적이 나쁘면 졸업장을 못 받는다. 시험 때면 자살하는 학생이 생기곤 하는 이유를 알만하다. 이런 대학을 누가 학벌만 생각하고 가겠는가. 정도는 달라도 영국의 대학은 그야말로 학생은 열심히 공부하며 교수 또한 열심히 가르치고 근면히 연구하는 곳이다. 교수가 학문 자체를 좋아해서 헌신할 태세가 되지 않으면 살벌한 학술적 경쟁을 배겨 내기 어렵다.

영국 엘리트주의의 속 알맹이는 실력주의이다. 국가 지도자가 되는 사람은 자기 분야에서 참으로 실력자요 전문가이다. 총선거에서 자기 당이 승리하면 수상이 되는 정당의 대표는 실력과 능력 면에서 그리고 지도자가 될 만한 인간적 자질 면에서 뽑힌 사람이다. 설사 기대 이하로 잘못하더라도 어렵잖게 바꿀 수 있게끔 대비책을 마련해 놓았다. 지도층이 국민을 애먹이지 않는다.

장관들은 해당 분야에서 최고 전문가들이다. 머리에 공부한

내용을 잔뜩 집어넣고 있는 수험생처럼, 장관들은 해당 분야에 관해 어떤 질문을 해도 답안을 작성해 놓은 듯 핵심 파악, 요점 정리에 능숙하다. 수사학적 언변과 논리력, 설득력에서도 일급이다. 실력이 등등하니 5년 집권 동안에 좀처럼 교체되지 않는다. 그만큼 변함없이 철저하게 노력하는 프로페셔널들이다. 각 정당의 지도부는 냉혹함을 느끼게 할 정도의 실력자들로 채워져 있다.

학벌주의, 학연주의는 낯선 말

엘리트가 없거나 엘리트가 지도층을 이루지 않는 나라는 드물 것이다. 그러나 지성, 도덕성, 정신적 지향 모든 면에서 탁월하고 올바른 엘리트 그룹을 가진 나라는 몇 되지 않을 것이다. 영국은 최고 수준의 엘리트 정예 부대를 가진 나라다. 그러면서도 학벌에 구애 받지 않는 국민을 가진 나라다. 수만 명의 정당 당원이 당 대표를 선출하기 위해 수 차례 투표할 때, 학력과 학벌은 별로 중요하게 생각하지 않는다. 지난 수상이었던 존 메이저는 대학을 다니지 못했었고, 지금 부총리는 노동운동가의 재교육을 위한 칼리지 출신이다. 현재 노동당의 보조 자문기관에는 고교 학력 소지자가 상당수 되고, 고졸자도 실력을 인정받으면 명예박사학위를 취득한다. 학력은 영국인에게 대수가 아니다. 학벌 아닌 실력이나 재능이 사람을 뽑는 기준이기 때문에, 이 국민이

우리보다 많이 일하지도 않으면서 국가 경쟁력은 더 높은 것이다.

영국 아이들을 보고 공부 적게 한다고 말할 게 못 된다. 섬김이 실력과 지도자들이 준비되어 있으니, 너나 나나 가리지 않고 스트레스 받아가며 많이 공부할 필요가 없을 것 같다. 더구나, 이들은 수상이나 노숙인이나 사람의 가치로 따지면 똑같다고 믿으며, 각자 자질대로 성실히 살면 된다고 생각한다. 누가 부와 재능이 있다고 해도, 학벌과 근사한 직업을 가졌다 해도, 그렇지 못한 사람보다 그들을 더 높게 봐주지 않는다는 얘기다. 서로 다를 뿐이지, 삶은 동등하게 귀하다고 마음 깊이 믿는 것이다. 학력에 따라 차별 받지 않으며 엘리트라고 더 우대해 주지도 않는다. 책임만 더 무겁고, 조금 잘못하면 보통 사람보다 훨씬 더 엄중히 다루어진다. 조건이나 가진 것, 생긴 것이 어떠하든 한결같이 존중 받아야 한다는 것은, 다수 한국 아이들이 자기 개성은 묻어두고 대학을 위해 공부만 해야 하는 절절한 현실만큼이나, 이들에겐 현실적이며 일상적인 것이다.

11 존귀한 사람

> 곧 블레어 수상의 아들인 것이 밝혀졌고⋯.
> 총리 부부는 다음날 아침 그 경찰서에 가서
> 경찰이 서서 내려보며 낭독하는
> 자녀 보호 지침을 다소곳이 앉아서 듣고
> 아들을 데려오는 보통 부모가 밟는 절차를
> 그대로 따랐다.

영국 병원에서 출산을 해본 한국 아줌마들은 감동받았다는 고백을 하곤 한다. 간호사와 의사가 해산의 고통 중에 있는 자신을 너무도 자상하고 친절하게 대했기에 두고두고 기억에 남는 모양이다. 이 글쓴이도 작은아이를 여기서 출산했기에 그 기분을 잘 안다. 엄마가 아기를 사랑의 손길과 다정한 말로 다루듯, 간호사들은 생명을 품고 있는 산모를 귀하게 여기고 최선의 마음을 쓴다. 그래서 산모는 자기 몸에 닿은 그녀들의 손끝이 부드러웠고 음성이 온화했음을 기억한다. 친절 지수가 높은 이 나라에서도 간호사들은 의료 기술 못지않게 친절한 품성과 몸놀림을 체질화해 있는 친절 전문가들이다. 심지어는 친절이 자신의 직업이라고 말한다.

특별한 엄마와 아기

필자는 수술을 받았다. 간호사 3명은 의사를 돕고 1명은 부분 마취를 하고 누워있는 필자의 머리맡에 붙어 서서 몇 분 간격으로 괜찮으냐는 말을 건넸다. 산모와 곁에 있는 남편의 마음을 위하는 배려였다. 정식으로 출산을 한, 특히 이미 우리나라의 분만실을 경험해 본 이들은 더 감격한다. 또 한 명의 임산부로서가 아니라 마치 공주처럼 대접받았다고 느낀다. 그 때문인지 영국에서 출산한 엄마들은 한국의 엄마들보다 그 고통을 극명하고 진지

하게 말하려는 경향이 적다.

　아내와 함께 출산을 겪으면서 간호사들을 접하고는 프로 정신이 과연 어떤 것인지 감을 잡았다는 아빠도 여럿 있다. 영국에 있는 동안 아기를 갖고 낳아보라거나 병원 신세를 져보라고 권하기까지 한다. 성인만 내는 약간의 약값 외에는 병원비가 무한대로 무료인데다, 세금 한푼 내지 않는 외국인 학생에게도 자기 나라 사람과 똑같이 베푸는 인정이 있으니 고맙기도 하다. 거기에다 임신을 아는 순간부터 산후 1년까지 엄마는 약값도, 치과 이용료도 무료다. 이 기간에 유학생 아내가 치과 의사의 진료에 따라 몇 개를 금니로 갈아도 공짜라는 말이다. 아시아 사람이 보기엔 영국 여자들은 수월하게 출산한다. 게다가 한겨울도 아랑곳하지 않고 아직 김이 모락모락(?) 나는 생후 이틀째인 아기를 유모차에 태우고 외출하기까지 한다. 이렇게 팔팔한 영국 여자일지라도 산후 1년간은 정상적인 몸이 아니라고 나라에서 그렇듯 보호해주는 것이다.

　엄마가 특별 대접받듯 아이들은 뱃속에 있을 때부터 존귀하게 여겨진다. 출생의 순간만이 아니라, 자기의 생긴 모습 그대로, 타고난 자질 그대로 인정해주고 키워 줄 준비가 된 사회 속으로 안착하는 것이다. 비록 정상적인 몸과 기능을 갖추지 못한 채로 이 세상에 왔더라도, 그 부족한 부분을 메워 주려고 사회가 열심히 몸과 마음을 쓰고 있고, 또 똑같이 귀하게 여기는 사람이 많은 나라에 태어났지 않은가. 장애인을 잘 배려해서 고통과 불편을

분담하니 선진국 사람들은 훨씬 현명하고 착하게 산다. 여기 장애인들은 조금도 어두운 구석이 없다.

장애인의 가능성도 무한

지금 노동당 정부의 한 장관은 시각 장애인이다. 지난 5년 동안은 교육부를 맡았었고, 이번 재집권 내각에서는 내무부를 이끌고 있다. 평소에는 길잡이 개에 의탁해 다니고, 연설할 때는 동료 장관이나 블레어 총리의 손에 이끌려 단상으로 인도받는다. 그 장면을 보면 영국이 참 대단하다 싶다. 이 나라의 파워를 웅변하듯 보여준다. 선진국이 장애인을 극진히 배려하는 줄은 알아도, 잘은 모르지만 장관이 이러하다는 얘기를 들어보지 못했다. 그는 옥스브리지 출신은 물론 아니고 그만한 장관 후보감이 영 없지도 않을 게다. 하지만 교육 혁신을 내건 새 정부가 그를 최적임자로 여겼다는 말이고, 각료로서는 심대한 난관인 시각 장애를 개의치 않고 밀어줘서 마음껏 뜻을 펼칠 수 있게 하는 최고 지도자들의 정신이 위대하다고 해줘야겠다. 그를 조력하는 실무자들도 다른 장관에 비해 많을 것이다. 국민도 마찬가지이다. TV에 등장할 때면, 애써서 고정시키려 해도 이리저리 움직이는 그의 눈동자에 이들은 아무렇지 않다. 그만큼 장애인의 모습에 익숙하다는 말이기도 하고, 사실상 이들은 사람의 제각기 다른 외양에 대해서 우

리와 비할 수 없이 무덤덤하다.

　정신적 결함이 있거나 중증 장애아를 어떻게 배려하는지 자세히 알지 못하나, 일반 시민의 기본적인 권리를 누릴 수 있도록 혜택을 베푸는 줄로 안다. 특수 시설을 갖추고 위탁 받아 돌봐주고 교육시키는 곳은 물론 있고, 교사나 전문인이 직접 방문해서 가르치거나 돕기도 한다. 약한 장애가 있는 아이들은 일반 학교에 다니는 것 같다. 의무교육을 받게 하고, 자질을 찾아내 최대한 살려주려 한다. 사회가 그런지라 아이들도 장애가 있거나 모자라는 급우를 차별 없이 대한다. 운동회 때 몸이 불편한 친구가 같은 팀이어서 팀 성적에 불리해도 그런 개념은 없다. 경쟁 무공해 자체가 교육의 자산이다.

　장애아가 섞여 있는 학급의 교사가 오히려 능력이 향상되고 성취도가 높다는 연구 결과도 근래에 발표되었다. 그 아이를 잘 배려하기 위해서 성심과 노력을 다 기울이기 때문이라고 한다. 운동회에서 느릿느릿 뛸 수밖에 없는 아이의 얼굴을 연신 쳐다보고 격려하면서 끝까지 같이 뛰는 선생님을 볼 때 콧등이 시큰해진다. 목표선을 통과하면 선생님의 얼굴이 아이보다 더 상기되어 있다. 이 아이는 엄마의 자리에 서주고 엄마의 마음이 되기도 하는 선생님과 함께 학교생활을 하니 축복이다.

　아이들은 그런 선생님과 화면에 비친 시각 장애인 장관을 보며 자란다. 그러니 장애인을 일반인과 똑같이 대하고 항상 도울 채비가 되어 있어야 함을 자연스럽게 체득한다. 장애아들이 일찌

감치 자기 인생을 접어버릴 이유도 없다. 우리 아이들에게 이런 곳에서 교육받는 기회가 주어져서 감사하다. 아이들이 우리나라에 돌아가서 장애인의 처지에 안타까워하며 뭔가 도움 되는 일을 하고자 한다면 참 좋을 것 같다.

느긋한 영국 사람도 돕는 데는 민첩

장애가 심해도 대학 교육을 받을 수 있도록 복지제도가 잘 마련되어 있다. 여기 에섹스대학에도 장애 학생과 이를 일대일로 돕는 일반인이 기거하는 숙소가 있다. 도우미들은 따로 독방을 쓰면서, 하루 일정 시간 동안 장애 학생이 강의실과 캠퍼스를 다니며 활동할 수 있도록 휠체어를 밀며 따라다닌다. 인건비와 부대 비용은 당연히 세금에서 할애된다.

자원봉사로 돕는 이들은 항상 있다. 버스에서 장애인들을 데리고 수영장을 가거나 나들이에 동반하는 사람들을 여러 번 보았다. 무심히 보는 중에도, 그들이 장애인들을 감싸고 있는 듯한 분위기는 금방 느낄 수 있었다. 지금 작은아이가 다니는 D 학교 앞 버스 정류장에는 몸이 불편한, 그래서 결혼을 못 한 것 같은 나이 든 여자가 이따금 보인다. 한날은 그녀가 그만 넘어져 나동그라졌다. 그런데 참 놀랍게도, 주변에서 버스 오는 쪽만 멍하니 보고 있던 사람들이 순식간에 움직였다. 그녀의 벗겨진 신발 한 짝을

주워들었거나, 가방을 집어서 매만지고 있거나, 양쪽에서 부축해 일으켜 등을 털어 주고 있었다. 옥스퍼드와 콜체스터 거리에서 헐레벌떡 서두르는 사람을 못 봤을 정도로 여유 만만하고 우리보다 동작이 한참 완만한 이 사람들이 그렇게 잽싸게 일시에 허리를 굽히는 장면을 목격했다. 더구나 그녀의 등을 안고 의자에 앉히는 부인은 마치 친동생이라도 되는 듯 속상한 표정이었다. 필자는 어리벙벙하기도 했고 기가 막히기도 했다. 아, 이 사람들….

그러고 보니 잊고 있었던 일이 생각난다. 옥스퍼드에서 둘째가 태어나기 전까지 재래시장인 오픈 마켓을 자주 이용했다. 어느 타운에서나 마을에서나 매주 한두 번씩 열리는 그 노천 시장은 이국에 온, 그것도 갑자기 몇 세기를 거슬러 중세에 온 것 같아 모든 게 낯선 이 한국 아줌마에게 고국에 대한 그리움을 조금이나마 충족시켜 주었다. 천막 친 가게들과 북적대는 사람들 틈에서 편안함을 느꼈다. 아기 티를 막 벗은 큰아이도 구경거리가 많았으리라. 하지만 그런 이유만으로 비싼 차비를 쓸 유학 초창기는 아니었다. 슈퍼마켓에서처럼 반듯하거나 싱싱하지 않아도 며칠은 둘 만하고 또 무척 저렴한 과일과 야채를 양껏 사면 차비를 건지고도 남았다. 그 안도감을 봉지들과 함께 유모차에 주렁주렁 매달고는 앉아 있는 아이가 뒤로 벌렁 눕지 않도록 힘주어 밀곤 했다.

그처럼 낭만적인(?) 유학생 가족 생활을 할 수 있었던 것은 영국의 버스 문화 덕택이다. 버스에 오르자마자 물건과 유모차를

놓을 수 있게 배치된 공간과 버스를 두세 번 오르내리며 길바닥에 둔 봉지를 운반하는 일을 마음 편히 하게 하는 운전기사의 서비스 정신이 없다면 그런 장보기는 엄두내기 어렵다. 아니 도리어 즐거이 가는 길이었다. 왜냐하면, 돌아오는 버스에 오를라치면 어깨 위 팔 밑으로 손들이 드나들며 아이와 유모차를 받아주고 물건을 들어 올려주고 하는 도움을 번번이 받았기 때문이다.

한번은 다시 봉지를 집으러 내려서는데, 내 부른 배를 보았는지 지나가던 부인이 자전거를 붙들고 서서는 "지금 이 자전거 때문에 당신을 도와줄 수 없어 미안하다"고 하면서 정말 미안해하는 것이었다. 아주 헷갈려서 잠시 멍해 있었다. 선수 기 죽인다더니, 그게 도시 옥스퍼드의 수준이었을까.

도움이 필요한 사람을 돕지 못하면 무슨 잘못이라도 한 듯 여기고, 약자와 장애인의 권리를 챙겨주는 국민적 훈련이 철저하게 되어 있다. 아이들 보호는 물론이고, 집 안에서는 외롭게 사는 노인도 문밖에 나서면 보호 대상이 된다. 이 사람들에게 장유유서나 경로사상이 있을 리 만무해도, 노인을 약자로 여기고 배려하는 풍습은 있다. 정류장 의자에서 노인이 곁에 오면 자리를 양보한다. 공공장소 어디서나 장애인들이 가장 편리하게 이용할 수 있도록 시설과 장치를 해놓았고 그들에게 우선권이 주어진다. 휠체어와 유모차, 보행이 어려운 이들이 순적하게 다니게끔 모든 보행길 귀퉁이를 낮추어 놓았다. 이들의 관점으로 말하자면, 장애인이나 약자를 배려하는 의지가 약한 사람은 야만인은 아닐지

라도 문화인이 아님은 분명하다.

영국에는 2층 버스가 많다.
물건과 유모차를 둘 공간을
고려해서 그렇게 만들었을까.
어떤 버스에는
휠체어를 고정할 수 있는
장치도 있다.
운전석도 잘 배려한다.
보통 사람들이 편리하도록,
품위를 챙기게끔 신경 썼다.

11 존귀한 사람

여왕의 손자도 똑같이

교육과 별로 관계없는 이야기를 하고 있다고 할지 모르겠다. 하지만 처음부터 말했듯이 필자의 논지는, 교육은 정신과 가치의 문제라는 것이다. 국민이 바라는 인간과 사회에 대한 지향이 그 나라의 교육을 이끌고 간다고 생각한다. 이 글을 쓴 것은 영국 교육제도의 우월함보다는 그들이 인간을 어떻게 생각하고 있으며 그 인간에게 무엇을 기대하고 있는지 그 한 면을 보여주고 싶었기 때문이다. 그래서 우리가 교육에 거는 기대가 그들의 것과 얼마나 다른지 알고자 했다.

안타깝게도, 영국인 한 사람의 가치는 한국인 한 사람의 가치보다 훨씬 값지고 중하다. 수많은 장애인의 결핍을 물심양면으로 채워주고 어떤 사람도 불이익을 당하지 않도록 서로 신경 써 줌으로써, 결국 모든 국민의 평등성과 가치의 평균 지수를 크게 높였다. 더구나, 법이 진짜로 모든 사람을 공정하게 대우하니 실질적으로 사람 가치가 동등하다. 고위 관직자의 사소한 위반도 법대로 처벌한다.

지난봄에 15살쯤 된 수상의 큰아들이 만취 상태로 도로변에서 허우적거리고 있다가 경찰서로 이끌려 간 일이 있었다. 11학년 학력시험을 막 치른 학생들이 금지된 술을 마시며 뒤풀이 한다는데, 이 아이도 거기 동참했다가 감당 못할 지경이 되었던 모양이다. 경찰이 보호조치 차원에서 데려가 신원을 물었더니 이름

을 둘러댔다고 한다. 곧 블레어 수상의 아들인 것이 밝혀졌고, 뉴스란 뉴스에는 다 등장하게 되었다. 총리보다 부모 노릇 하기가 더 어렵다며 난처해하는 블레어 총리에게 국민은 아이들이 그럴 수 있는 일이라며 입에 올리지 않았다. 그리고 총리 부부는 다음날 아침 그 경찰서에 가서, 경관이 서서 내려보며 낭독하는 자녀 보호 지침을 다소곳이 앉아서 듣고 아들을 데려오는 보통 부모가 밟는 절차를 그대로 따랐다.

바로 얼마 전에는 여왕의 둘째 손자 해리도 비슷한 뉴스거리를 제공했다. 한심하게도 영국에서 10대 중반쯤 되면 그 무슨 드럭drug 즉 경미한 마약을 흡입하는 것이 예사로운 일이라고 하는데, 당연히 미성년자로서는 위법이다. 16살인 해리도 이 금지된 장난을 하다가 들켜 버렸다. 경찰서로 호출 받아 가서 엄한 훈시를 듣고 사죄함으로써 보통의 청소년과 똑같이 취급 받았다. 그리고 해리의 아버지인 찰스는 1일 교화원에 해리를 보내 드럭의 해악에 대해 배우게 했다.

그래서 혹시 사회적 약자가 법 앞에 차별 받은 것이 알려지면 발칵 뒤집히고, 다시 그런 일이 발생하지 않도록 끝까지 추적해서 밝혀낸다. 어느 누구의 권익이 짓밟힌다면 모든 국민의 인권의 평균치인 자신의 인권도 손상 당하기 때문이다. 타인의 마땅한 권리를 적극 옹호해서 세워주면, 같은 시민인 내 권리가 그만큼 알차게 되는 것이다. 인권은 구체적이다. 이 사람들은 외양이나 물질로 사람을 달리 대하는 법을 모른다.

영국에서 태어나 자라는 아이는 자신이나 다른 사람이 공평하게 귀하다는 사실을 학교에서 일찍이 터득한다. 보이지 않으나 학교와 사회에 충만하게 스며있을 뿐 아니라 이들의 골수에 박힌 이 사상을 알지 못하고서 영국의 교육을 제대로 이해할 수 있을까. 영국 사회와 학교를 경험한 사람들이 정작 배워야 할 이 정신을 얼마나 알아채고 한국에 돌아가는지 의문이다. 미국에 대해서 아는 바는 적으나, 미국의 교육제도를 본떠온 사람들도 그 이면의 정신적 지향에는 깊이 주목하지 않았기 때문에 우리 교육 현장에서 시행착오가 많지 않았나 싶다. 생명의 존귀함과 인간 자질의 평등성을 제일로 추구하지 않고서는 교육의 근본 문제는 해결되기 어려우며 문화 선진국이 되기도 요원하다.

12 미들클래스 오블리제

비록 어려워도 추구해야 한다고 믿는

국민적 합의점이

반ᶠ배금주의, 나눔주의, 공동체주의였고,

아직 그 위대한 정신의 후광이 어려있으니….

서유럽 나라들에는 복지제도가 비교적 잘 구비되어 있다는 것을 우리는 알고 있다. 그렇지만 당사자들로서는 좋기만 한지 궁금하다. 이쪽 사람들이 한국의 가족 문화가 참 마음에 든다고 우리에게 말하면, 우리가 흐뭇하기만 할까. 긍정적인 면이 많은 한편 가족 이기주의 같은 곤란한 점도 있다. 사회보장제도도 마찬가지이다. 세금을 많이 내야하고 좀처럼 풀리지 않는 난제도 있다. 더 골고루 편히 사는 방안을 찾기 위해 시시콜콜 따지는 영국인들에게 복지정책은 주관심사임과 동시에 머리 복잡하게 하는 단골 메뉴다.

400년 된 복지제도

물론 우리의 가족 문화는 여전히 옹호할 만하고, 사회보장제도가 유익함에 대해서는 더 말하지 않아도 된다. 이 복지제도를 제쳐놓고는 영국 사회나 그들의 느긋한 교육열을 다 알기 어려울 것이다. 영국에 관한 한, 복지제도는 기본적으로 공동체주의 정신 위에 세워진 것이다. 이들은 예로부터 마을과 공동체가 극빈층을 도울 준비가 되어 있어야 했다. 부모자식간의 의존도가 우리보다 약한 이유 중 하나는, 교회와 교구가 먹이고 입히고 돌봐주는 면에서나 정서적으로나 거의 반쪽 부모 역할을 했기 때문이다. 어느 나라나 사람 사는 데는 인정이 있기 마련이나, 영국의

전통은 그 이상이었다. 먹고 살만한 가정은 빈민 구호금을 필히 내놓았다. 인정은 때에 따라 달라질 수 있는 것이지만, 영국인은 빈민 구호를 의무로 여겼다. 오래 전부터 기부를, 세금 내듯이, 꼭 했다는 얘기다.

그러니 '요람에서 무덤까지'라는 현대의 복지제도는 2차 대전 이후에 개시된 된 것이 아니라, 400년간 작동해 온 구휼제도의 완결판이라 할만하다. 교회와 시민이 기부와 봉사로 빈민을 도왔었는데 이제 정부가 다 떠맡아 세금으로 해결하게 된 것이다. 하지만 복지국가가 해주는 배려가 야무지다 해도 옛 공동체의 도움만큼 정을 채워주지 못했으니, 많은 사람들이 황태자비였던 다이애나 같은 사람에게서 위로를 받았다. 어떤 화가는 그녀의 사후에 그녀를 성모마리아의 자태로 그렸는데, 이들은 무의식적으로 가족 아닌 사회적인 뭔가로부터 보호와 위로 받으려는 관성을 갖고 있는 것일까. 간혹 왕실의 존립을 반대하는 소리도 들리나 아직은 괜스레 해보는 말 같다. 여왕은 영국인의 정서적 구심점이다.

복지제도가 교육 과열을 막는다

사회보장제도 때문에 영국 사람들은 우리만큼 재산을 모으려 하지 않고 자식 공부시키는데 온 힘을 다하지 않는 측면이 있

다. 성인이 될 때까지 영국 아이의 삶에서 부모 못지않게 정부와 학교의 몫이 크다. 정부가 세금으로 아이의 기본 생계비를 보조해주고 교육비, 의료비, 비싼 안경 구입비까지 모두 책임진다. 부모가 아이를 양육하지 못하면 대리 부모나 다른 양육자를 찾아준다. 어른이나 아이나 마지막 보호자는 가족보다 정부와 사회인 것이다. 그래서 우리 같으면 가족 안에서 해결할 일을 이 국민은 정부를 쳐다보고서 이런저런 요구를 하고 더 채워달라고 아우성이다. 가난한 사람은 '공동체로부터 보호받을 권리가 있다'거나 '부자에게 얻어먹을 권리가 있다'는 오래된 기독교적 관행에 복지제도가 연결되어 있기에, 이 나라 국민은 정부가 복지 정책을 제대로 하지 못하면 당당하게 따진다.

노년에 빈곤해도 연금으로 지내며 자식에게 기대지 않고 자식도 성년이 되면 저대로 독립하는 풍습이니, 부모가 자식의 교육에 크게 연연해하지 않는 것이 일면 이해된다. 자식 사랑은 다 같고 또 책임을 다하려고 하지만, 자식을 위해 자기 삶을 붓는 것은 환영하지 않는다. 그러니 부모가 바라는 바를 아이에게 강요함도 적고 드물다. 성실하고 최선을 다하는 법을 배우면 족하고, 여건이 된다면 지원을 아끼지는 않으나 아이에게 좋은 결과를 내도록 압박하지 않는다. 아이가 뛰어난 점이 있으면, 그건 부모에게 일종의 보너스 같은 것이다. 부모나 자녀의 인생은 각각 서로 고유한 것이기 때문에, 자식의 성취를 부모 자신의 성공으로 여기는 사고방식은 이들에게 낯선 것이다.

비싼 등록금을 들여 자식을 사립학교에 보내는 부모도 성적에 치중하지 않는다. 대부분의 사립학교의 목적은 지성과 인성을 훈련하고 예체능으로 단련된 교양을 두루 갖춘 성숙한 사람을 양육하는 것이다. 아기 이름을 사립학교 등록 대기자 명단에 올려놓은 부모도 '공부 잘하는 수재'를 꿈꾸기보다는 '성숙하고 선하며 문화적 소양을 가진 인간'을 바란다고 본다. 이것이 영국인의 교육적 이상형이기 때문이다. 사립학교나 귀족 학교에 대해 말할 때는, 이러한 인간 교육의 목표와 그 목표를 성취하려는 열의와 실천을 염두에 두어야 한다.

사립학교 고객인 부유층은 교육세가 포함된 고율의 세금을 내므로 자연히 공공 교육에 기여하는 셈이 된다. 공립학교에 돈을 보태주면서 자녀 교육비를 따로 쓰는 것이다. 그래서 사립학교에 대한 군말이 적은 걸까. 이 나라를 위해서도 사립학교는 도움이 된다. 정부가 일반 학부모에게 교육에 관심 가져달라고 호소하는 판이니, 알아서 자기 돈 들여 고급 교육에 신경을 쓰는 사립학교 학부모들이 정부로서는 오히려 고맙지 않을까.

그런저런 요소가 다 어우러진 복지제도로 인해서 교육열이 지나치거나 확산하지 않는다. 무엇보다 중요한 것은, 복지제도가 노블리스 오블리제 정신에 잇닿아 있었기에, 모든 아이가 다 열심히 공부해야 할 필요가 없었다. 앞서 언급했듯이, 빈민이 대폭 늘어난 산업화 시기에, 가진 사람들이 빈곤층을 돕기 위해 돈과 시간을 쓰며 봉사를 많이 했다. 그들이 끼니를 잇도록 원조하고

병 치료와 자녀의 기초 교육도 무료로 제공했다. 가난한 약자들은 차별 받지 않았던 것이다. 오히려 지도층과 여유 있는 사람들은 그들의 심기를 살피고 불편을 덜어주려 애썼다. 없는 사람들은 자식이 불이익 당하고 살까 봐 공부시키려 사력을 다하지 않아도 되었다.

파터날리즘 Paternalism

노블리스 오블리제라 해서 상류층만이 그 덕행을 실천했다는 말이 아니다. 조선시대 사대부 안에도 덕목을 갖추고 지도적 역할을 수행하는 부류와 입신출세 부귀영화만 탐하는 부류가 섞여 있었다. 그처럼 영국 상류층 중에도 자신의 권한을 활용해 민중을 선도하고 유익하게 하는 이들이 있었는가 하면, 특전을 주로 제 즐겁게 하는 데 쓴 이들도 당연히 있었다. 다른 점은, 유럽의 귀족과 상류층이 대개 그러했듯, 그들은 특권과 동시에 생명이 걸린 의무도 함께 물려받았다는 것이다. 개인적으로 방탕하게 사는 귀족의 아들도 전쟁이 나면 장교로서 선두에서 지휘하고 싸워야 했다. 가장 먼저 죽기로 작정할 수 있어야 했다. 그게 기본이었다. 지금 여왕의 세 아들 중 한 명은 포클랜드전쟁 때 전투기를 몰고 참전했다고들 회상한다. 그 상징성의 힘이 국민에게 큰 영향력으로 작용한다. 영국의 상류층은 원래 권리보다 의무에 더

가까이, 더 강하게 연결되어 있었다. 잘못하는 일이 있으면 그래서 더 크게 부각된다.

19세기 상류층 중에는, 생을 걸고 노예제 폐지를 이끌어 낸 탁월한 이들이 있었다. 또 자신의 수상 직을 십분 활용해 가혹한 노동 착취 현실을 크게 바꾸고 빈민과 노동자의 권익을 위해 헌신한 이들도 있었다. 1, 2차 대전 때 참전해서 전사한 젊은이의 마을이나 대학에는 반드시 참전 용사비가 있는데, 옥스브리지의 칼리지들 입구에도 칼리지 출신 전사자 명단이 새겨져 있다. 상류층과 부유층의 아들이 대다수였을 그때에 많이도 참전했고 또 스러졌다. 그 명단은 이 나라의 가장 많이 가진 자들의 당당함과 자긍심의 표현이며, 또 신입생에게 자신의 본분을 환기시키고 그 의미를 전수하는 더할 나위 없는 교훈이다. 권리와 명예의 대가는 비싸다.

오늘날처럼 고등교육의 수요가 늘기 전에는 파블릭스쿨과 유수의 대학이 지도자 대다수를 배출해왔고, 그 교육기관이 표방하는 지도자 상은 높은 수준의 지성과 도덕성과 인성을 겸비한 사람이었다. 진정한 젠틀맨이 지도자라는 말이다. 반복하자면, 훌륭한 선비들이 나라를 이끌어왔고 지금도 그런 사람을 키우는 것이 교육의 목표이고 그래서 그런 사람들이 지도자가 되는 일이 계속되고 있다는 멋진 상상을 한번 하면 되겠다. 영국의 지도층은 국민의 모범이며 국민을 위해 봉사해왔다는 긍정적인 평가를 받고 있다.

지도층은 보통 사람들보다 더 정직하고 더 젠틀하고 더 청렴해야 하고 공익을 위해 자기 것을 더 잘 양보할 줄 알아야 한다. 이러한 속성을 합한 것을 명예라 일컬을 수 있으리라. 우리나라에는 명예로운 상류층이라 할 만한 집단이 없거니와, 지금 일류라고 하는 대학들이 그런 의미의 명문을 지향하는지는 의문스럽다. 세계적인 관점에서, 지식이 많고 시험 성적은 좋으나 섬김의 삶이나 공동체 정신에 대해서는 무지한 사람을 길러내는 기관을 명문이라고 하지 않는다. 명문은 명예가 무엇인지 알고 명예롭게 사는 것을 택할 줄 아는 사람을 위한 말이다.

근대 유럽을 비교 연구하는 역사가들은 영국, 프랑스, 독일 중에서 영국의 지방자치 전통이 가장 분명하다고 한다. 그 지방자치의 중심에 상류층과 부유층의 파터날리즘이 있었다. 파터날리즘은 지위와 재력을 가진 소수가 공동체의 복리를 위해 봉사하는 '온정주의' 혹은 '공동체 섬김'을 말한다. 그 자산가들은 빈곤층을 돌보는 데 자기 금전을 썼고 무보수로 지역 행정을 도맡아 일했다. 혹자는 위선으로 하더라도, 해야 대접받았다. 그러니까 특권층은 섬김 받는 쪽이 아니라 그 반대, 섬기는 쪽이었다. 특권층이 물심양면으로 약한 사람과 마을을 섬기는 것이 영국식 공동체주의이고 파터날리즘 곧 노블리스 오블리제이다. 많이 가진 사람들이 재물을 불리는 쪽보다 나누고 잘 사용하는 쪽에 더 관심을 두었던 것 같다. 부자든 빈자든 재물에 대한 탐욕이 한껏 부풀

기 어려운 국민 정신이요 사회구조다.

미들클래스의 도덕성

상류층의 관행보다 사실 더 중요한 것은 중간계층의 모습이다. 복지국가가 되기 이전부터 중간층 시민이 파터날리즘의 짐을 나누어졌다는 점이다. 국가 경제의 중추로서 국민의 1/4가량 되는 중간계급, 미들클래스 the middle classes 는 일부 특권층의 방탕과 사치를 경계하면서 자신의 경제력과 도덕적 힘을 선한 사회 건설에 쏟았다. 검소 절제하며 자기 몫의 상당 부분을 빈곤층 이웃을 위해 할애했다. 건전하고 능력 있는 향도로 하층민에게 물질적 원조뿐 아니라 옳다고 믿는 생의 철학과 도덕성을 전파하는데 열성을 다했다. 필자의 학위 논문은 바로 그 부분에 관한 것이다.

공동체 섬김 정신이 투철한 미들클래스가 있었기 때문에, 의식 있는 노동자 그룹이 19세기에 전염병과도 같았던 폭력 쓰기를 억제하고 대신 백방으로 배우면서 각양의 연합체를 발전시키고 주체적 시민으로 정착해 갈 수 있었다. 그러므로 파터날리즘은 시민사회 성장의 발판이요 기둥이었다. 전 계층이 자기 권익을 발굴하고 챙기려 분투했음에도 이기주의와 갈등과 분쟁으로 치닫지 않고 도리어 국민적 가치관을 통일시키고 뚜렷하게 만든 추진체였다.

기득권자가 공동체를 책임졌던 전통 사회의 관습이 산업화의 폐해에도 꺾이지 않고 도리어 이를 제어했던 역량은 18세기 영국 교회의 대갱신과 그 영향력을 빼놓고는 설명하기 어려우나 이 책의 논제 밖이다. 다만, 하나 덧붙일 것은, 인류 역사상 최대의 제국 시절에 이 나라 중간층 시민들은 물질주의의 위험을 경고하는 훈계를, 약자를 돌보고 가난한 이들에게 자기 것을 나누어서 천국에 보물을 쌓으라는 설교를 귀가 따갑게 들었다는 사실이다. 이윤 추구의 고삐가 마구 풀려나가지 않을 수 있었다.

거대한 물욕을 통제하는 힘과 사람답게 사는 삶의 질은 서로 비례관계에 있다. 자신과 가족은 좀 덜 쓰고 덜 먹더라도 제 몫의 일부를 떼어내어 궁핍한 처지에 있는 이웃에게 인간다운 최소한의 생활이나마 갖추어주는 것을 당연시했으니, 이 사회가 1파운드도 눈먼 돈이 굴러다니지 않게 하는 쫀쫀함을 이해할 만하다. 부럽다. 사회의 기준이, 비록 어려워도 추구해야 한다고 믿는 국민적 합의점이 그런 반^{反}배금주의, 나눔주의, 공동체주의였고, 아직 그 위대한 정신의 후광이 어려 있으니 말이다.

그렇다고 그 파터날리즘이 고고하기만 했다는 것은 아니다. 신앙이 두드러졌던 빅토리아시대에, 유명한 1851년 인구조사 당일 일요일에, 인구의 절반만이 예배당에 있었다는 통계가 암시하듯, 선행으로 구원과 체면을 동시에 해결하려 한 이들이 적지만은 않았을 것이다. 어떤 이들에겐 신분의 과시였고, 사회생활과

사업상의 영향력을 높이는 수단이기도 했다.

실상 언제나 공개된 기부금 명단과 액수는 신분과 재력을 의미했을 뿐 아니라 파터날리즘 헌신의 지표처럼 여겨졌다. 미들클래스 한 가구당 보통 여러 개의 자선단체나 공익 모금에 기부했으니 말이다. 가령, 1년 기부 총액을 보면 그 가구가 중간계급 중에서도 상 중 하 어디에 속하는지 알 수 있다. 기부하는 곳이 많고 총액이 월등히 많으면 지역 유지로서 지도급 인사임이 절로 드러난다.

요컨대, 한국에서 각종 부조금이 생활비의 필수 항목이듯이, 이전 영국에서 반듯한 시민으로 살고자 한다면 자선 기부는 마땅히 해야 했다. 부조는 주고받는 도움이지만, 채리티는 대가를 바라지 않고 주기만 하는 것이었다. 다만 혜택을 받는 사람이 바르게 살기를 바라기는 했다. 즉 빈곤층이 기초생활에서 나아질 뿐 아니라 시민의 덕목을 갖추기를 희망했고 함께 성숙한 시민사회를 만들어가고자 하는 열망이 있었던 것이다. 지금도 영국인 다수는 고액 세금을 내고도 소소한 채리티를 하고 있어서, 아이들은 더불어 사는 의식과 생활 습관을 거저 습득한다.

조상 덕에 태평

채리티는 돈으로만 하는 것이 아니었다. 시간과 땀도 많이

부었다. 모금, 기금 관리, 서류 작업과 행정 처리, 각종 회의, 물품 구매와 분배, 빈민 방문과 돌봄 등 모든 일도 기부자들이 자원봉사로 했다. 채리티 종류도 다양했고 일도 전문적이었다. 특히 중간층 부녀들은 직업이 자원봉사와 자선 활동이라고 할만큼 가난하고 약한 사람들을 위해 손발로 일했다. 앞서 본 그래머스쿨의 '가을장'과 중고 가게처럼 학부모들이 자발적으로 모임을 조직하고 봉사하는 관습은 오래된 것이다. 지금의 많은 초등 공립학교는 자원봉사와 기부로 시작되고 꾸려졌던 자선학교에서 비롯된 것이다.

요새 영국 사람들이 100년, 200년 전에 자기 조상들이 얼마나 열심히 바쁘게 살았는지 알면 자못 놀라리라. 미들클래스 남성 생활에서 자선 활동은 거의 필수였고, 자기 직업 외에 지역 일도 더러 보조하며 독서 클럽이나 문화 클럽도 들고 있는데다 교회 활동 또한 만만찮았다. 기술직 노동자들은 그들대로 공부 모임이나 이익 단체를 만들어 열성적으로 참여하고 활동했다. 모임들이 씨줄과 날줄처럼 얽혀 있었고, 그 모임을 통해 시민의 자발성과 독립정신이 영글었다. 민주 시민사회는 자기 계층의 이익을 지성과 도덕성의 계발과 함께 추구했던, 엄청나게 많고 활기찼던 시민 모임을 통해 단단하게 여물어갔다.

지금 이들이 여유롭고 느긋하게 사는 것은, 조상들이 괴로운 사회 문제를 자신의 문제로 끌어안고 있는 힘을 다해 하나씩 해결한 덕분이다. 지도층도 국민에게 더 나은 서비스를 제공하기

위해 누구보다 열심히 일하고 똑똑한 편이니 시민들은 가뿐해 보다. 고소득자가 세금을 많이 내고 기본적인 사회보장이 되어있으니 사람들이 아등바등 살지 않고 여가나 여행을 즐길 형편이면 만족한다. 묘하게도. 결과적으로 저소득층은 삶의 여건이 대물림 될 가능성이 높다. 이래 살아도 저래 살아도 다 귀한 인생이고 법 앞에서 평등하게 대우 받아 억울할 일 별로 없으니 젖 먹는 힘을 다해 공부하려 하지 않는다. 동등한 참정권이 있고 정부가 맘에 들지 않으면 투표로 의사 표시 하면 된다.

따라서 작금의 영국 정부는 고난도의 과제에 직면해 있다. 경쟁을 최소화함과 동시에 국민의 역량을 바짝 끌어올려야 하기 때문이다. 우리 국민의 역량을 틀어막고 있는, 국가 발전의 장애물인, 한국 정치계와는 딴판으로 여기 지도자들은 국민의 노력 의지를 충전시키느라 안간힘이다. 개혁과 발전 의지로 충일했던 옛 선조와는 달리 지금 이 사람들은 활력을 잃어가고 있다. 의사도 기술자도 모자라 수입해온 지 오래 되었고 교사도 딸려서 안절부절못한다. 그래서 경미한 스트레스에도 엄살 떨고 더 편케 해달라고 아우성인 이 사람들에게도 교육이 희망이다.

이 편한 영국이 해가 갈수록 필자에게 마음의 불편과 빚만 더해주는 것 같다. 남아도는 이들의 여유를 퍼 담아서 모래주머니 지고 뜀박질하는 우리 동포에게 풀어놓는 방법은 없을까….

13 입시 낙원

입시 낙원을 이루는 최고 공로자는,
온 국민과 사회 모든 제도가
어떤 사람이든 똑같이 존중하고
그 권리를 지켜주려고 작정하고 있는
정신이요 가치관이다.

그래머스쿨 입시 당일 아침에, 큰아이는 뱅뱅 돌아가는 안경을 쓴 아이들이 있으면 어쩌냐고 했다. 안경 쓴 사람이 적고, 또 이곳 아이들은 안경 낀 아이를 보면 일단 공부 잘할 거라고 생각한다. 그래서 시험장에 도수 높은 안경을 쓴 아이가 몇 있으면, 자기는 겁먹고 떨려서 제대로 시험을 못 치를 거라는 걱정이었다.

세상에 스트레스 받지 않을 시험이 있을까. 한국의 전투적 입시를 거쳐 온 우리에겐 아주 헐렁해 보이는 영국의 진학 시험도 '스트레스 안 주고 안 받기 주의'로 사는 이 아이들에겐 공포증을 일으키는 모양이다. 초등 저학년과 고학년 때 치르는 두 번의 학력시험도 일주일에 걸쳐서 하루 한두 과목씩 치르는데, 아이들이 힘들어할까 봐 교사들이 조심하는 빛이 역력하다. 시험 결과가 교사는 물론이고 아이 자신에게 아무런 영향을 미치지 않아서 부담될 일이 없는데도 그렇다.

입시 낙원의 토대는 참된 평등성

입시 낙원이란 시험 자체의 부담이 적다거나 어렵지 않다는 뜻에서 하는 말이 아니다. 시험은 역시 힘들고 피하고 싶기는 마찬가지이다. 그러나 온 청춘이 대학 진학에 인생을 걸다시피 하지 않기 때문에, 사회나 가족이나 수험생이 담담하게 시험의 과정을 지나는 것으로 보인다. 앞의 글이 모자라지 않았다면, 입시

가 고통스럽지 않은 까닭을 짐작할 수 있으리라 여긴다. 이 사회가 학력이나 가진 것, 직업, 외모로 사람의 가치를 평가하는 경향이, 우리에 비하면, 없다고 해도 좋을 정도이다. 입시 낙원을 이루는 최고 공로자는, 온 국민과 사회 모든 제도가 어떤 사람이든 똑같이 존중하고 그 권리를 지켜주려고 작정하고 있는 정신이요 가치관이다. 공부 못 하고 대학 안 가고 돈벌이가 변변찮아도, 실생활에서 파블릭스쿨과 명문 대학을 나와 상류층 인사가 된 사람과 달리 대우받는 점이 없는데, 왜 관심 없는 공부를 억지로 해서 대학 가려 하겠는가.

만 16세가 되면, 법적으로 부모가 어찌 할 수 없는 독립체로 인정받고 진로도 대부분 스스로 결정한다. 본인이 원치 않아서 입시를 치르지 않으면 그만이다. 아직 초등학생이어서 그래머스쿨 입시 때나 부모가 데려다 주고 오고 할 뿐이지, 그 이상의 시험에서 부모의 역할은 강 건너 불 보기에 가깝다. 그래서 대입 준비는 다른 생활을 희생할 만큼, 심지어는 가족이 헌신해야 할 만큼 초특급 행사일 리 만무하다. 삶의 중요한 한 과정이긴 하지만, 거의 절대적일 만큼 중요하지는 않다.

필수 시험과 성적 처리

학력시험부터 살펴보자. 공 사립을 막론하고 모든 학생은 3,

6, 9, 11학년에 학력시험을 본다. 사립학교는 공교육과 별개여서 취사선택할 수 있으나 시험제도에서는 보조를 맞추는 것 같다. 학력시험으로 교육부는 국민 교육의 수준과 상태를 점검하고, 학생들 또한 자기 점검을 하고 미래를 대비하게 한다.

초등학년의 시험은 근래에 확정된 것 같다. 3학년 시험 과목은 영어, 이해력, 서술 능력, 산수, 과학이다. 영어 시험은 '말하기, 듣기, 토론'으로 구성되어 있는데 어떤 식으로 측정하는지는 모른다. 6학년 시험에서는 말하기와 듣기를 뺀다. 시험 과목을 보면 기초 학습에 강조점을 둔 것을 알 수 있다. 즉 우리 같으면 국어 한 과목에 포함될 분과들이 각기 동일한 비중의 독립된 과목으로 다루어진다. 모든 학습의 기초가 되는 언어 능력과 체계적인 사고력을 측정하는데 주안점을 둔 것으로 보인다. 외워서 답하는 시험도 아니고, 교과서가 없기에 내용이 딱 정해진 것도 아니다. 수업 시간에 공부한 것이 전부이니 문자 그대로 평소 실력으로 할 뿐이다.

교육부는 공립학교 학생 개인의 성적과 학교 성적을 다 배부한다. 학생 개인의 등수는 역시 매기지 않는다. 전체에서 자신이 어느 수준인지 알 수 없다. 학생은 단지 과목별 등급만 기록된 성적표를 학년말에 교사의 학습 보고서와 함께 전달받는다. 3등급까지 있으니 과목마다 자기 성적이 상 중 하 중에서 어디쯤인지 알 뿐이다. 교사가 신경 써야 하는 부분은 전국 평균 이하인 아이가 얼마나 되는지 파악하는 것이다. 기초 학습이 안 되는 아이의

숫자를 줄이는 것이 시험의 중요한 목표이기 때문이다. 따라서 학교 성적 자체는 문제되지 않는다. 교사가 가르치는 내용은 기본적으로 동일하므로 부모는 아이의 자질에 따라 성적이 나오게 마련이라는 것과 교사가 할 수 있는 한계를 잘 안다. 작년 아이들은 성적이 좋았다가도 올해 아이들은 아닐 수 있다. 그 해 시험에서 전국 몇 등 안에 드는 학교가 신문에 실리기도 하지만 잠깐의 일이다. TV에 보니, 성적이 저조한 어떤 학교의 엄마는 그래도 학교가 균형 있게 잘 하고 있어서 만족한다고 한다. 어떤 엄마는 시험 결과가 뭐 그렇게 문제가 되느냐고 천연스레 되물었다. 그래도 꼴찌는 기분 나쁘다. 전국 꼴등을 기록한 학교의 학부모들은 화를 내면서 자기 아이를 그 학교에 안 보낼 거라 하던데 어찌 되었는지 모르겠다.

9학년과 11학년의 시험은 10과목 쯤 되는 모양이다. 공통 과목과 선택 과목이 있는데, 영어, 수학, 과학, 지리, 역사, 외국어 등이 필수이다. 선택은 외국어나 과학의 여러 분과 중에서 할 수 있다.

11학년 학력시험GCSE은 의무교육 이수 시험에 해당한다. 여기까지만 하는 학생도 많다. 대학을 가려면, 그 후 1, 2년 준비해서 대입 학력고사인 에이-레벨A-Level을 치른다. 12, 13학년이 하는 이 대입 준비과정을 식스폼Sixth Form이라고 한다. 중등학교 중에는 13학년까지 다 포함하는 학교가 있는가 하면, 11학년까지만 하는 학교도 있다. 그래서 12, 13학년만 따로 하는 공인 학원

인 대입 예비학교Sixth Form College도 있다. 그러니까 일단 11학년 시험으로 의무교육 과정은 마무리하고, 대입 준비과정을 별도로 취급한다는 얘기다. 이전에 대학 진학률이 낮았던 사정을 반영하는 시스템이다.

　대입 준비과정에서 이과와 문과로 나누어지고, 에이-레벨 시험은 학생이 선택한 과목만 치른다. 주로 세 과목을 택하는데, 능력이나 필요에 따라서 추가할 수 있다. 시험 과목 대부분이 논술 형식임은 당연하다. 비교 분석하고 자기 견해를 논리적으로 진술해야 한다. 우리나라 고1 나이에 치르는 11학년 시험은 사실상 우리 대입 수능시험 수준이고, 식스폼 과정은 우리 대학의 전공 수준에 가깝다. 가령, 에이-레벨 문과 시험 과목에는 경제학, 법학, 심리학, 사회학, 역사학 등이 포함되어 있다.

　근자에는 대입 진학 공부를 하는 학생이 늘어나는 추세이나, 11학년까지만 한 학생들은 이후 직업 훈련이나 전문적인 실업교육을 받는 것 같다. 교육 받으면서 대개 파트타임 일을 한다고 한다. 전에 우리 집에 목공 일을 하러 온 아저씨가 아들 친구라면서 앳된 청년을 데려와 일을 거들게 하는 것을 보았다.

　실업교육은 중등학교 커리큘럼에 포함되어 있다. 9~11학년 사이에 배우고, 11학년 말엽에 자격 시험을 보게 한다. 학교마다 모든 실업과정을 다 가르치지는 않을 것 같다. 일부 일반 학교는 전반적인 학습 외에 어떤 한 분야를 육성해서 자기 학교의 강점으로 삼기도 한다. 실업 과목은 경영, 제조업, 의료와 복지, 미술,

디자인, 정보 통신, 레저와 관광, 엔지니어링 등인데, 우리나라 전문대학에서 다루는 것들이 아닌가 한다.

　　11학년 시험과 에이-레벨의 결과 또한 공개된다. 지역 신문은 지역 내 각 학교의 평균 성적을 순위에 따라 열거한다. 특히 에이-레벨 전국 상위 20등까지의 학교는 신문 '더 타임즈'에 실린다. 콜체스터 그래머스쿨은 빈번하게 그 명단의 첫 자리에 올랐다. 그러나 시험 성적만 좋다고 좋은 학교가 되는 것은 아니다. 다음 장에서 보겠는데, 치우침이 없이 고루고루 다 잘해야 한다. 매년 그래머스쿨을 비롯한 시험 전형 학교만 따로 종합적인 평가를 해서 등급을 매긴다. 그 150여 학교 중에서 상위 다섯 학교인 톱클래스에 계속 들면 명실공히 좋은 학교로 인정받는다. 콜체스터 주민의 자랑이 아닐 수 없다.

　　사립학교 성적 순위는 따로 다루는 것 같다. 파블릭스쿨이 입학사정에서 성적이 우수한 학생만 뽑는 것이 아니므로, 이 학교들과 그래머스쿨을 단순히 대조하기는 어렵고 또 그런 비교는 하지 않는다. 파블릭스쿨은 신입생을 뽑을 때 성적을 참고하지만 이외의 요건도 중시한다. 톱클래스 대학이 그렇듯, 사립학교도 평균 점수는 부족해도 어떤 분야에 출중한 학생이라면 뽑는 경향이 있다. 10대조 할아버지가 대귀족이었던 처칠 수상이 어릴 적에 수학을 못해서 해로우Harrow 파블릭스쿨이 받아주지 않으려 했으나, 한 교사가 그의 글재주를 아껴서 강력히 추천한 덕에 입학할 수 있었다고 한다. 그는 과연 나중에 6천 단어 범위의 영어를

구사했다고 하는 전쟁 회고록을 써서 노벨 문학상을 받지 않았던가. 처칠의 경우가 아니라도, 시험 성적만으로 선발하지 않는다니 파블릭스쿨의 교문이 좁아 보이지만은 않는다. 실제로 등록금은 엄두도 못 낼 우수 학생을 뽑는 경우도 간혹 있다. 이 학교들은 공부와 담쌓은 귀족의 아들이나 외국의 왕자도 받아줘야 할 때가 있어서 성적으로 말하기 어렵다. 작년에 사립학교의 에이-레벨 성적 1위는 웨스트민스터였고 이튼은 10위 아래였다.

그리고 사실 학교의 평균 성적이 대학 진학률과는 별개이기 때문에 그리 주목할 일은 아니다. 가령, 콜체스터 그래머스쿨에서 옥스브리지 평균 진학률은 15~25퍼센트[2000년대 초로써], 한 학년 96명 중 많아도 30명 미만이다. 사립학교 중에는 비율이 더 높을 수도 낮을 수도 있다. 이들은 그런 진학률에는 관심이 없는지 숫자를 알리지 않는다. 즉 한 학교 학생의 평균치를 중요하게 여기고 일류 대학 진학률로 학교 이름을 들먹이지 않는 것을 보면, 이들이 우리와 관점이 다르다는 사실을 재차 확인할 수 있다.

입시와 과외

어린 나이에 치르는 중등학교 입학 시험은 어떨까? 알다시피, 중등학교 대다수는 초등학교 마치면 그냥 가는 일반 학교이고, 시험으로 학생을 뽑는 중등학교는 소수다. 이 중등학교 진학

시험을 11＋ ^{일레븐플러스}라 하고 10~11살 된 6학년 아이들 일부가 응시한다. 수험생이지만, 원래 수업 이외에 공부하는 것을 모르는 무 개념 초등학생이 시험 준비로 갑자기 자세를 다잡기는 어렵다. 큰아이가 B 초등학교 다닐 때, 첫 장에서 언급한 아들과 딸을 명문교에 보냈던 그 부인에게 아이들이 시험공부를 많이 했었냐고 물은 적이 있었다. 집에 오면 잘 놀기만 했다는 그 대답이 맞는 말이었다. 응시하는 아이는 시험 두 달 전에 준비에 들어간다. 에섹스주는 1월 중에 치르므로 11월에 시작한다는 말이다.

위도가 높은 영국의 여름 낮은 참 길다. 방학 그 기나긴 시간에 열심히 놀았던 큰아이가 스스로 제의해서 하기로 한 시험공부를 10월에도 할 기미가 보이지 않아 짐짓 걱정했었다. 방과 후 아직 해가 두어 시간 걸려 있는 그 틈새로 줄곧 공차기를 했다. 저녁 먹고 한 시간 겨우 앉아 있던 아이가 4시면 하늘이 잿빛 되는 11월이 되어서야 노는 것을 포기하고 과연 두 시간씩 공부하기 시작했다. 같은 교회 다니던, 한 해 먼저 여학교에 진학한 아이가 자기도 11, 12월 두 달 공부했다는 말이 이해되었다. 영국에서는 일찍 저무는 해가 공부시키나 보다.

시험공부란 11＋ 문제 유형을 익히는 것이다. 이 11＋ 시험 문제는 일반 학교에서 다루지 않는 형태이기 때문이다. 서점에서 문제집을 사서 각자 집에서 정해진 시간 내에 풀어보고 틀린 것을 고치는 그런 연습을 한다. 추리,^{Reasoning} 영어, 수학이 시험 과목인데, 말한 대로 교과서도 없고 시험 범위가 있는 것도 아니다.

그간 학교 다니며 쌓은 언어 실력과 이해력, 수학적 응용력, 그리고 사고력 등 지적 능력을 측정하는 것이다. 벼락치기로 외우거나 갑자기 할 수 있는 공부가 아니다.

'빌리 엘리어트' 영화를 보면, 왕립 발레스쿨의 심사위원은 기술적인 면보다 빌리 내면의 의욕과 자질을 유심히 살폈다. 누가 어찌지 못하는 천부적인 것이 일차적으로 중요하다. 마찬가지로 공부를 잘 해낼 학생을 뽑으려면 타고난 지적 능력을 알아보면 된다. 지적 능력은 졸속으로 만들어지지 않는다. 그래서 많이 공부하고 준비한다고 다 될 일이 아닌 것이다. 문제 유형을 익힐 뿐 괜한 수고를 할 필요가 없는, 무리하지 않는 방식으로 지적 재능이 있는 아이들을 걸러 낸다. 한국에서는 이런 시험도 통하지 않을 것이다. 최소한 1년 전부터 시험 유형을 꿰뚫고 연마시켜서 좀처럼 어려운 90점 이상이 수두룩하게 만들어 놓으리라. 그렇게 입학해도 영국식 공부라면 조만간 능력이 드러나고 말겠지만.

부모가 원하거나 아이가 하고자 하면, 각자 알아서 준비하고 응시하면 된다. 공립학교는 6학년 중에서 보통 5명 이상이 시도하는 것 같다. 사립 초등학교는 부모보다 학교가 준비하도록 배려하지 않을까 짐작한다. 어떤 사립 초등학교는 16명 중 11명이 합격했다고 하는데, 콜체스터의 일반 초등학교는 한 해에 1명이 그래머스쿨에 갈까말까 한다. 고급 주택가에 있는 학교는 저소득층이 다수인 학교보다 합격생 수가 약간 더 많은 경향이다. 그러나 큰 차이는 아니다. 보통 30명인 6학년에서 1명, 많아도 2명

합격하는데 매년 되는 것도 아니다. 아이들이 좀 더 우수할 것 같은 B 학교도 이런 점에서 동일했다. 어떤 해에는 아무도 성공하지 못한다.

수험생에 대한 배려 면에서는 학교마다 차이가 있다. 조금이라도 도와주려는 학교가 있고, 전혀 무관하게 두는 학교도 있다. 교사가 보기에 아이가 가능성이 있으나 가정 여건이 안 되면 얼마큼 관심을 쓰는 것으로 안다. D 학교는 표나지 않게 특별반을 운영하는데, 4학년서부터 우수한 아이를 뽑아서 별도의 숙제를 내준다. 천천히 11+를 대비하게 한다. 비슷하게 하는 학교가 제법 있는 것 같다.

이 11+ 준비과정에서 과외가 등장하고 부모의 능력이 입학 여부에 작용하는 점은 있다. 문제집을 풀어보다가 모르거나 틀린 부분을 누군가 설명해 주면 좋지 않겠나. 부모가 대개 그렇게 한다. 자신이 할 수 없는 경우나 모든 것을 동원하려는 극소수 열성파 부모는 과외 선생을 부를 수 있다. 일주일에 한두 번, 두어 달 하는 것이다. 개인 교사는 물론 공식 검인을 거친 사람들이고, 개인 친분으로 사사로이 하는 경우도 간혹 있다. 비용은 역시 일정하게 정해져 있다. 하지만 암기나 속성으로 되는 시험이 아니고 두 달 만에 아이의 지력을 쑥 끌어올리기도 어렵다. 그래서 과외를 많이 시키지 않는지도 모른다. 초등학교 5년간의 학습 보고서를 통해 부모는 아이의 자질을 알고 있다. 기회는 주되, 어렵다고 판단하면 과외까지 하며 응시하지는 않는다. 이들에게 진학 시험

은 과도한 힘을 쓸 만큼 의미 있는 것이 아니다.

　잠시 과외에 대해 알아보자. 주위의 교사들에게 과외에 대해 물어보았다. 학부모로서 경험이 많은 한 부인의 말도 귀담아 들었다. 그녀의 큰아들은 케임브리지에 입학했고, 아래 두 아들은 그래머스쿨에 다니고 있다.

　우선 결론부터 말하자면, 영국에서 과외는 지극히 미미하다. 현재 과외 현황을 우리나라 1970년대 전반기에 빗대어 보자. 당시에는 과외 하는 학생이 얼마 되지 않았기에, 과외나 학원이 교육 전체에 미치는 영향은 매우 적었다. 지금 영국의 과외는 그때 한국과도 비교되지 않는다. 한국식 과외는 없다고 해야겠다.

　사립학교가 사실상 과외를 포함하는 거 아닌지 의문해 볼만 하다. 사립학교 학생은 소수인 데다 개개인을 세심하게 지도하니 그런 측면이 있다고 할 수 있다. 사립학교를 과외 학교로 본다 하더라도, 사립학교는 전체 학교에서 10퍼센트 미만을 차지하고 학생수로 계산하면 10퍼센트에 훨씬 못 미친다. 거기에 중등학교와 대학 입시를 위해 일시적으로 과외 하는 학생이 극소수 있을지 모르겠다.

　7학년부터 11학년 학력시험을 치르기까지 중등학교 5년 동안에 개인적으로 과외 받는 학생은 거의 없다고 한다. 희귀하다고 한다. 이런 경우는 있을 수 있다. 음악 레슨으로 개인 교사가 학생 집을 방문하듯이, 아이가 외국어를 –특히 불어– 잘하기 바라는 부모가 개인 교습을 이용하는 사례는 더러 있단다. 드물지

만, 어떤 부모는 방학 동안 라틴어를 잘 가르치는 교수에게 아이를 데리고 다닌다. 만일 실력 있는 한문 선생이 가까이 있다면 필자는 아이를 보낼 것이다. 무용이나 미술도 사사로이 배우러 다니는 아이도 있다. 반복하자면, 비용은 비교적 저렴하게 정해져 있다.

앞서 말한 그 부인에 의하면, 11학년까지 과외는 하지 않되 부모가 여건이 되면 학습에 도움을 준다고 한다. 자기가 불어를 잘하기에 아들의 불어 공부를 도와주었다면서, 우리 큰아이가 필요하면 자신이 불어를 도와줄 수 있다고 말했다. 그런 식이다. 부모의 역량이 닿는 범위에서 그리고 부모가 스트레스 받지 않는 한도에서 -이 말이 중요하다- 신경을 쓴다는 것이다. 부모의 학력과 가정환경에 따라 아이가 얼마간 덕을 보기는 한다.

에이-레벨 대입 시험을 준비할 때 집중적으로 과외 받는 경우가 있다고 한다. 톱클래스 대학을 목표로 하는 학생인데, 이 역시 간혹 있는 정도이다. 필요에 따라 한두 과목을 전공 교사의 도움으로 단기간에 복습한다. 하지만 에이-레벨 준비 공부가 상당히 전문적이기 때문에 단기간에 하기는 어렵고, 대부분의 학생은 수업을 잘 따라가면 된다고 한다. 한국 사람이 에이-레벨 문제를 보면 그 수준에 놀랄 것이다.

학교 공부만으로 다 되는 공교육 시스템과 입시 제도가 과외를 필요 없게 한다. 사립학교가 있으니 고액 과외는 있을 턱이 없다. 한국 사람이 많은 동네에서는 과외를 많이 시킨다고 한다. 영

국 학과목 과외에다 한국에 돌아가면 곧바로 따라갈 수 있도록 주말에 학원에서 한국 공부를 몰아서 한다.

결국 제 하기 나름

사립학교는 학습 지도 면에서 월등하다기보다는 예체능 및 교양 교육 측면에서 일반 학교보다 질이 높을 수밖에 없다. 일류 대학에서 공립학교 출신 학생이 격차를 느끼곤 하는데, 실력 때문이 아니라 바로 그 문화 생활과 관련해서 그렇다고 한다. 고급 문화에 익숙지 못하거나 경험이 부족한 학생이라면 상류층의 문화적 전통이 있는 대학에서는 남모르는 당혹감과 어려움을 겪을 수 있다.

여기서 다시 강조할 것은, 일반 공립학교의 교육 수준이 고르게 높다는 점이다. 어린 나이에 미처 11+ 시험 준비를 제대로 못해서 그래머스쿨에는 낙방했어도, 나중에 열심히 해서 명문대에 가는 우수한 학생도 적잖다. 앞에서 예로 들었듯이, 하버드 장학생으로 간 여학생은 일반 공립학교 출신이었다. 콜체스터로 처음 이사와 살 때 옆집에는 노부부가 계셨는데, 할아버지는 아들이 일반 공립학교에 다녔지만 케임브리지로 진학했다고 말씀하셨다. 할아버지가 먼저 꺼낸 말이 아니라, 학교에 대해 묻는 우리에게 일반 학교가 진학 교육 면에서 조금도 부족하지 않다는 사

실을 알려주기 위해서였다. 에섹스주의 경우라면, 일반 학교에서 잘하는 아이는 그래머스쿨에서 못하는 아이보다 나을 수 있다.

다만, 일반 학교는 학생 수준이 천차만별이고 규모가 크다. 더욱이 공부하기 싫어하는 아이들이 많아서 사립학교나 그래머스쿨 처럼 숙제를 많이 내주기 어렵고, 학생 개개인에 대한 배려도 그 학교들에 미치지 못한다. 당연한 사정이다. 그러나 교사의 가르침에는 결코 모자람이 없다. 어떤 대학도 갈 수 있을 만큼 가르칠 것은 다 가르친다. 공 사립을 막론하고 절대 다수의 학생은 교사의 지도에만 의존해서 입시 공부를 하므로. 대학 진학은 무엇보다 학생 자신의 결단과 능력에 좌우된다.

영국 아이들은, 한국 아이들에 비하면, 일찍부터 독립심이 있고 자율성을 습득한다. 공부하라는 압박이나 자극이 통하지 않는다. 사립학교가 학생 개개인에게 더 주의를 기울인다고 해서 싫어도 해야 한다는 마음까지 들게 하지는 않는다. 부모도 못 한다. 공부는 스스로 이유를 알고 필요에 따라서 한다. 자기 인생이라는 생각을 일찌감치 하기 때문에, 공부도 자신의 문제이고 또 자신에게 달렸다. 그래서 진학 문제도 부모보다 자신의 판단대로 한다. 대학 진학은 말할 것도 없고 11＋ 시험 칠 때부터도 그런 경향이 있다. 실제로 어떤 조숙한 여자아이는 시험 전형 학교에 합격할 수는 있으나 상위권에 들지 못할 자신의 능력을 알고 또 그런 학교의 경쟁 분위기가 싫어서 –우리가 보기에는 경쟁도 아닌 것을– 일반 학교에 가서 잘하는 것이 낫겠다면서 그렇게 했다.

이처럼 영국 사람은 아이나 어른이나 자기 능력과 노력을 잘 활용하는 것을 중히 여기는 실용주의자들이다.

부모도 자식이 그래머스쿨에 합격했다고 벌쭉거리지 않고 낙방했다고 머쓱해 하지도 않는다. 앞길이 창창한 아이에게, 다양하게 열려 있는 인생의 가능성을 둔 아이에게 그리 대단한 일이 아니기 때문이다. 어쩌다 합격생 얘기가 나오면, 단순히 '머리가 좋군요' 한마디이다. 간단한 사실이다. 머리가 좀 더 좋을 뿐이다. 이들에겐 머리 좋은 것과 성공 인생의 상관관계를 헤아리거나 연결시키는 사고방식이 아예 없다. 그렇게 만들어져 온 사회이고 그만큼 자유를 누린다. 사람이 시험 성적과 경쟁에 지배받으며 성장기를 보낸다면 자유를 얼마나 배우고 누릴 수 있겠나. 우리 교육은 사람을 자유롭게 살도록 돕기는커녕 옥죄고 제한시킨다. 독재만이 자유의 적인가.

진학 시험은 선택일 뿐

큰아이가 11+에 응시하려 한다고 교장 선생님께 말했을 때, 모든 응시자에게 동일하게 하는 말을 우리에게도 들려주었다. 시험을 치르는 어려운, 스트레스 받는, 과정을 굳이 택할 필요가 없다는 것, 일반 학교도 교육 여건이 좋고 잘 가르친다는 것, 경쟁 사회에 뛰어들어 인성이 나빠질 수 있다는 것 등을 짚어주고는,

이 아이는 그래머스쿨에 가서도 뛰어나게 잘할 것임을 알고 있다고 덧붙였다.

신설 C 학교에서 첫 해에는 응시생들을 별도로 공부시키더니, 이듬해부터는 일절 대책이 없었다. 학교가 한 일은, 시험 전날 각자가 가지고 있는 시험 문제집에서 과목별로 한 파트씩 학교로 가져와서, 교장 선생님이 시간을 재며 시험 시간표대로 문제를 풀어 보게 한 것이 전부였다. 6명의 아이들이 최초로 시험다운 시험을 치른다고 오들오들 떨면서 해서 점수가 형편없었다고 큰아이가 말해줬다. 사실 낙방할 것이 뻔한 아이들이었다. 연습 말미에 교장 선생님이 또 말씀하셨단다. 이 시험은 여러분의 인생에서 중요한 것이 아니니 안 되더라도 조금도 낙심치 말라고. 영국에서 이 말은 사실이고 진실이다.

중등학교 입시는 각 주마다 독자적으로 운영하는 것 같다. 따라서 지역마다 문제도 다르리라 여긴다. 에섹스주의 경우에는 한 날에 다 치르는데 응시자는 지원한 학교에 가서 시험 본다. 수험생이 많으면, 오전과 오후 시간 중 택하도록 미리 조치한다. 오전 오후 팀이 서로 맞닥뜨리지 않게 함은 물론이다.

11학년 학력고사도 재미있는 부분이 있다. 많은 과목을 며칠에 걸쳐서 치르는데, 선택 과목의 경우에는 같은 과목이라도 시험 시간이 다를 수가 있다. 같은 시험을 어떤 학생은 오늘 치르고 다른 학생은 내일 치르는 식이다. 오늘 친 학생은 끝나고 곧바로 시험 담당관의 집으로 같이 가서 거기서 하룻밤 지내고 다음 날

그 시험이 끝날 때까지 드나들지 못한다. 우리로서는 골치 아픈 방식이나, 그들에겐 대수롭지 않다. 그냥 그대로 하면 되니까.

콜체스터 11+ 시험은 주로 토요일에 치러진다. 전혀 주의를 끌지 않고 조용히. 지역 신문도 이 시험에 관심을 보이지 않는다. 큰아이 시험 때에, 수험생 녀석들은 시작 전 대기실에서 신종 게임이야기에 정신 팔고 있더란다.

영어 시험은 《제인 에어》의 일부를 시험지 두 페이지 분량 되게 싣고 문제를 낸 것이었다. 한국 나이로 5학년 정도의 아이들인데, 아무리 책을 많이 읽는 아이라도 제인 에어는 접하기 어려웠을 게다. 큰아이는 단어가 어려워 눈앞이 캄캄해져서 세 번 기도했다고 한다. 출제자가 아이들이 그 단어들까지 알고 있기를 기대했을지 의문이다. 전후 문맥을 통해 추리하고 생각하면 답할 수 있게 했다고 짐작된다. 답 하나 고르는 것, 단답형, 문장으로 답하는 것 등 문제는 골고루다. 50분 시간에 서술형 문제까지는 내지 않았다.

학교 공부뿐 아니라 책을 많이 읽어서 이해력과 어휘력이 발달되어 있어야 함을 전제로 하는 시험이다. 이제 충분히 알겠지만, 영국에서는 많이 놀고 책도 많이 읽는 것이 가능하고 그것이 공부 잘하는 길이다. 공부가 일상의 짐이 아니라 자연스레 버무려져 있다. 컴퓨터 게임도 빠짐없이 할 수 있다. 시험 준비 기간에 공부한답시고 게임을 보류하는 남자아이는 아마도 없으리라. 저녁 먹고 두 시간 하는 것은 대단한 일이다. 그 정도는 이 초등

학생들에겐, 말하자면, 비상시국이다.

수학은 언제나 그렇듯, 수식과 계산의 법칙을 응용하는 문제들이다. 여러 페이지에 달하는 시험지는 문제를 널찍이 배치한다. 풀이 공간을 준 것이겠다. 점수 차이를 내기 위해 어려운 문제도 몇 개 낸다. 그래도 서점에 있는 문제집의 범위를 넘지 않는다.

추리 시험은 한국 사람에겐 낯설 뿐 아니라 진학 시험에 포함된 것도 생소하다. 미국 대학원에 응시할 때 필수 요건 중 하나가 GRE 시험 성적인데, 그 시험이 영어, 수학, 추리로 구성되어 있다. 추리 시험은 지능 테스트 같기도 하나 단순하지 않다. 여기 학생들도 이 과목은 다른 과목보다 평균 점수가 낮다. 뇌 기능을 풀가동해야 하나, 지력 테스트로는 타당한 면이 있다. 그래서 영어와 수학 점수는 높은데 추리 점수가 영 낮은 경우는 드물다.

성적과 합격 여부 통지서는 두 달 뒤에 각자의 집으로 우편 배달한다. 받은 합격 통지서를 학교에 들고 갔던 큰아이는 집에 와서 투덜거렸다. 교장 선생님이 교실에 알아보러 왔는데, 개교한 지 3년 만에 첫 합격생인 자기에게 고작 당연히 될 줄 알았다고 하셨단다. 아무 소리 안 했지만, 그렇게 말해 주는 선생님이 참 고마웠다. 도무지 우쭐댈 분위기가 아니다. 자신의 능력과 노력에 대한 정당한 평가를 기뻐하는 것 이상으로 성공 의식을 부풀리는 것은 아이의 영혼에 해악이다. 연합 체육대회에 나가 금상을 받은 아이를 대할 때와 같은 태도로 그래머스쿨 합격생을 대하는 사고방식이 영국 생활에서 가장 고마웠던 부분 중 하나다.

졸업할 무렵에 교장 선생님은 도리어 아이가 합격한 이후로 자랑하듯 하지 않아서 참 좋았다고 밝혔다. 그래머스쿨 합격은 교사들에게 분명 하나의 보람이 되고 기쁨을 준다. 사무실의 스텝들도 오랫동안 흐뭇해했다. 작은아이가 이 학교를 떠나 전학하는 날 교장 선생님을 만났을 때, 그는 예외적으로 강한 표현을 써서 말했다. 전학한다고 해서 모든 교사가 충격 받았다고. 저소득층이 많은 이 학교에 드물게 있는 또 한 명의 그래머스쿨 후보생을 놓치는 섭섭함이 역력했다.

    2년 2개월 나이에 영국에 왔던 아이가 중등학교 입시를 치를 만큼 오래 있게 될 줄을 누가 알았겠나. 4, 5, 6학년이 한 반인 신설 학교에 있었던 덕분에 아이는 상급생을 보면서 그런 시험이 있는 줄 알았다. 밤중 응급실 갈 때 지나쳤던 그래머스쿨의 외관을 보고 마음이 움직였고, 학교에서 최초의 합격생이 되는 기록을 만들겠다고 작심하게 되었다. 그래도 쉬운 과정은 아닌지라 아이에게 도전하고 노력하는 힘을 길러주고자 원하는 게임을 사고도 남을 상금을 걸었다. 문제 푸는 공부를 매일 하자니 지칠 때는 그 상금이 오락가락 했던 것 같다. 설사 합격하지 못해도 기꺼이 사줄 부모의 마음을 몰랐던 것이 다행이다. 나중에 학교를 두어 달 다녀본 아이는 학교가 이렇게 좋은 줄 알았더라면 아무 보상이 없어도 공부했을 것이라고 했다.

14 그래머스쿨 생활

그러니까 학교는 잘 가르치는 학원이요,
문화적 소양을 배양하는 공간이요,
체력 단련장이요, 시민생활 연습장이다.
그들은 공부와 성적에 지배 받는 학생 생활을
꿈에라도 상상조차 할 수 없다.

콜체스터 그래머스쿨은 이튼스쿨 캠퍼스의 한 부분에 불과한 규모를 갖고 있다. 학교의 역사는 500년에 가까워지고 있고, 현재의 위치로는 150여 년 전에 옮겨왔다. 해서, 뒤늦게 설립된 다른 일반 학교에 비하면 고풍스러워 괜히 좋을 듯해 보인다. 그때는 당연히 규모가 더 작았던지 지금 운동장은 따로 떨어져 있다. 스포츠 시간이면 10분을 걸어가야 한다. 운동장은 그야말로 저 푸른 초원, 약간 놀랄 만큼 넓디 넓은 잔디밭이다. 도시 한가운데 있는 경우는 몰라도, 중등학교와 초등학교는 으레 너른 초록 운동장을 끼고 있다. 중등학교는 대체로 스포츠 센터도 겸비하고 있어서 지역 주민을 위한 프로그램도 운영한다.

중등학교 수업 시간은 초등학교와 다를 바 없어서 3시~3시 반에 끝난다. 그래머스쿨은 약간 더 길게 하고 사립학교는 마음대로다. 수업 방식은 우리 중고등학교와 대학의 혼합형이다. 반마다 시간표가 정해지지만, 강의는 선생님과 교실을 찾아 다니며 듣는다. 그래서 학교에서 아이들을 보면 늘 가방을 메고 있다. 물론 사물함은 제각기 있다.

차원이 다른 학교생활

큰아이가 금방 학교를 좋아하게 된 이유는 운동을 골고루 많이 하기 때문이다. 어느 학교나 중등학교는 운동을 많이 하는데,

좋은 학교일수록 다양한 운동의 기회를 제공하고 학교 대항 시합을 자주 주선한다. 잘하는 학교 팀을 골라 런던까지 가서 시합을 하기도 한다. 톱클래스 학교는 운동에서도 장기 종목을 갖고 있어야 한다. 드러나지는 않으나 전국적인 리그가 있고 그 성적이 학교 평가에 반영된다. 미국 학교처럼 많은 학생이 참관하고 응원하는 일은 없는 듯하다. 운동부만 조용히 시합한다.

체육 시간에는 학기마다 주 종목을 바꾸어가며 하고, 학생이 자원하는 대로 운동부에 들 수 있다. 큰아이는 지금 럭비 팀에 있는데 그것도 실력에 따라 세 팀으로 나뉜단다. 작년에 하키 팀을 할 때는 매주 한 번씩 방과 후에 시내의 레저 센터에 가서 연습했다. 큰아이처럼 그런 운동이 재미있다고 하고 또 운동 안 하면 세

상이 심심한 아이들이 있는 법이니, 학교가 다양한 자질과 적성을 가능한 한 살리는 것이다. 그렇지만 치아 보호대도 꼭 끼어야 하고 뼈가 부러지는 경우도 있어서 위험 부담이 있다. 그런 종목은 뺐으면 좋겠다는 상상만 할 뿐이다.

그래머스쿨에서 악기 레슨은 참으로 싫어하는 아이 외에는 대부분 하는 것 같다. 초등학교에서 하는 방식과 똑같이 학교에서 레슨을 받게 하고 비용도 동일하다. 작년 크리스마스 즈음에 한 '예수 그리스도 슈퍼스타' 뮤지컬 공연을 보니 학교 오케스트라의 규모가 상당했다. 고전음악 악기부와 현대 대중음악 악기부가 협주를 했다. 이 악기부원 중에는 시향 기악 그룹에 가서 연주하는 학생들도 있다. 취미가 있거나 전공하려면 택할 수 있는 코스다.

연극부는 다음 12월에 무슨 공연을 할지 몇 달 전부터 계획을 세우고 준비에 들어간다. 학교 홀에서 수 차례 공연하는데, 타운의 명물 중 하나로 아낌 받아왔다. 올해는 '웨스트 사이드 스토리'를 무대에 올린단다. 작년 공연을 보고 참 대단하다고 느꼈다. 규모나 학생들의 능력도 아마추어 이상이었지만, 잘하든 못하든 규모가 크든 작든 간에 학교가 소질 있는 학생에게 기회를 열어주고 전체 학생에게 문화 향유의 장을 마련해주는 것이 부러웠다. 학예회나 공연이 초등학교 과정으로 끝나지 않고 중등학교에서는 이렇듯 전문성을 띤 연극이나 뮤지컬로 발전하는 것이다. '우리 중고생들도 저렇게 잘 할 수 있을 텐데'라는 생각이 스쳤었다.

어느 중등학교든 원하기만 하면 운동, 음악, 연극, 특활을 할 수 있는 여건을 갖추고 있는 줄로 안다. 그래머스쿨은 이 같은 예체능 분야의 교육을 대단히 중요하게 여긴다. 특활은 긴 점심시간에 주로 하고 일부는 방과 후에도 한다. 학년초에는 학급의 수업 시간표와 함께 특활 시간표도 나누어 준다, 원하는 대로 능력대로 선택해서 취미를 개발하고 유희를 즐긴다. 오케스트라와 연극, 럭비와 배드민턴, 주제 토론, 컴퓨터 카드 게임, 체스, 스누커(당구), 퀴즈, 테크놀로지, 생물학, 현대 그리스어, 독어 보강, 기독교 클럽 등이 있다. 저학년용 고학년용 게임이 따로 있고, 서클룸이 제각기 있어서 가서 놀기도 한다.

도서관에서 책을 읽거나 공부로 시간 보내는 학생도 물론 있다. 두 명의 천재적인 수학 학도는 짬만 나면 문제를 푼다고 소문이 자자한 모양이다. 전국 수학 경시대회 결승에 한 학교에서 두 명이 동시에 진출하기는 처음이란다. 그중 한 명은 저 멀리 맨체스터에서 왔단다. 큰아이가 이렇게 소상하게 말할 정도면 학생들 사이에서 인기 있는 모양이다. 공식적인 사교 모임도 있다. 7학년 신입생들이 서로 안면을 익히도록 미리 2, 3파운드 받아서 먹거리를 장만해놓고 저녁 먹으며 이야기하고 게임하며 놀게 한다. 그런데 디스코 파티는 참가하는 학생이 거의 없다고 한다.

특히 주목할 것은 정규 수업 중에 '게임'이 있다는 것이다. 매주 한번 하는 이 게임은 그냥 '자유롭게 운동하며 노는 시간'이란다. 체육 시간은 교사의 지도를 따르는 학습 과정이지만, 게임

시간은 이것저것 해보며 팀을 만들어 시합하는 일종의 자율학습이다. 청소년기 학생들에게 공부 못지않게 필수적인 놀이를 학교에서 친구들과 자유롭게 하도록 보장해 주는 것이다. 다른 학교도 마찬가지로 이러한 배려를 하는 줄로 안다. 영국 아이들은 참 좋겠다. 학교가 양질의 공부, 신나는 운동, 특기 살리기, 취미 생활, 전통 살리는 행사들, 여가 생활용 각종 게임까지 다 하게 하니 말이다. 그러니까 학교는 잘 가르치는 학원이요, 문화적 소양을 배양하는 공간이요, 체력 단련장이요, 시민생활 연습장이다. 그들은 공부와 성적에 지배 받는 학생 생활을 꿈에라도 상상조차 할 수 없다.

중등 학교생활은 다 나열할 수 없을 만큼 다양한 면모를 포함하고 있다. 학교 통신문이 잘 드러내 주는데, 통신문 하나에서 다루는 소식의 제목들만 아래에 옮겨보았다. 학교 신문 겸 통신문은 1년에 3번 내고, 필요할 때는 한쪽 짜리 알림도 종종 이용한다. 행사와 학부모에 대한 공지 사항 모두는 문서를 통해 전달하고 의사소통 한다. 통신문의 예를 보자.

뉴스레터

교장 선생님 은퇴	학부모께 (편지)
독일 자매 결연 학교 방문 계획	11, 13학년 학력시험 준비 격려
12, 13학년 제2 외국어의 날	다른 학교와 연합 공부

경영 지도자 코스	12학년, 브라드웰 교육 센터에서
학교 대항 퀴즈 (일반 상식) 대회	전국 결승 진출했음
12, 13학년의 제2 외국어 행사	런던에서 불어, 독어 실습
한 아티스트 방송 타다	만화 특기생이 BBC에 등장
초대된 강연자	정치가, 심리학자, 회계학자
지역사회 돕기	병원과 채리티 가게들에서
8학년 채리티	운동과 컴퓨터 게임 참가비를 암 연구센터에 기부
기근 지역 원조	수단, 보스니아를 위한 월드비전의 구호활동에 동참 한 날을 정해 그 실태를 알리고 기부 행사 9학년 학생 두 명의 그 날에 대한 소감
모잠비크 돕기	홍수 재난의 모잠비크를 위해 학생들이 자발적으로 '사복 입는 날'을 운영하고 모금
음악부 뉴스	작은 연주회들과 행사 준비 일정 기악 시험 통과자 명단
연극부 뉴스	한 학생이 연극 전문 잡지에 등장 프로 극단의 공연에 참여해 호평 받음. 짝짝!
경제학 공부	12, 13학년 경제학 수강생 런던 금융 시장 방문, 현장 감각 얻음
고전학 뉴스	고전시대 수강생, 런던대학의 '오이디푸스' 공연 관람 10~12학년 70명, 7일간 로마와 소렌토 답사 현대 그리스어 반 신설

운동부 뉴스	학년별 하키, 축구, 농구, 럭비, 스키 여행 학교 대항 시합 등 [분량이 많다.]
다른 뉴스 레스토랑 초대	정찬 먹는 날, 생음악과 함께 바비큐 파티 타운의 두 식당에서 우리 학교 학생에게 30퍼센트 할인해 준다고 하니 많이 이용하기 바람
학교생활에 새 기운	분실물

　　공동체 의식과 협동심 습득은 중등학교에서도 양보할 수 없는 교육 목표다. 그래머스쿨에서는 적당히 경쟁심을 불러일으키면서 협동심을 동시에 훈련시키기 위해 고안한 장치가 있다. 학급House라고 부른다과 학년을 가로질러 그룹을 만들고 서로 경쟁하게 한다. 각 학년의 세 학급을 abc 라고 한다면, 여러 학년의 a 학급끼리, b 학급끼리, c 학급끼리 한 그룹이 된다. 그리고 그룹별로 한 해 동안 학교생활 전반에 걸쳐 점수를 매긴다. 어느 그룹이 격려상을 더 많이 받았는지, 운동경기에서 어느 그룹이 더 잘했는지 등으로. 태평스런 이 아이들이 자기 그룹이 지고 있다고 해서 달리 분발하지는 않아도, 자기가 하는 것을 그룹에 연관 짓는 의식은 있다.

숙제가 많을수록 좋은 학교

중등학교 역시 국정 교과서는 없다. 다만 교사가 참고하는 학습서는 여러 가지 있는데 학습 범위를 안내하는 역할을 한다. 과목 교사는 그 여럿 중에서 주로 쓸 교재를 택해서 학생들에게 나누어 준다. 물론 무료이고 학년말에 반납한다. 정한 책이라도 진도대로 하지는 않는다. 교사들은 해당 과목에서 무엇을 가르쳐야 하는지 일정 지침National Curriculum을 따르고 있는 것으로 보인다. 학습의 범위와 목표에 맞추는 한에서 나름의 방식으로 가르친다. 교사도 창의력이 있으면 학생에게 더 유익을 줄 수 있다. 학습서를 참고하되 어떻게 가르치고 전달할지 스스로 연구하고 방법을 고안하는 것이다.

중등학생의 학습을 훔쳐보면 프린트 유인물이 아주 많다. 공책 틈틈이 끼어 있고 별도로도 수북하다. 교사는 각종 참고서를 망라해서 뽑은 자료나 나름으로 정리한 내용을 거의 매 시간마다 복사해서 준다. 학생으로서는 교과목 공부를 위해서 따로 할 것도, 돈 들 일도 없고 교사가 지도하는 대로 잘 따르면 된다. 시중에 나와 있는 문제집은 몇 가지 되지도 않고 학력고사 연습용이 대부분이다. 참고서와 관련 서적은 학교에 비치되어 있으니 이용하면 된다. 학교가 학습의 모든 필요를 다 충족시키니 입시를 위한 공부 여건이 공정하다 함이 이해되리라 여긴다.

학습에서 숙제가 중요하다. 학습 능력의 차이는 숙제를 통해 드러난다. 숙제는 복습과 예습을 포함한다. 다음 공부할 것을 미리 준비시키고 감을 잡도록 찾아보고 조사하는 숙제다. 예를 들

면, '다음 몇 주간은 찰스 디킨스19세기 작가에 대해 공부하므로 그에 대해 조사해 오라'는 것이다. 주제공부다. 인터넷으로 하지 말고 참고 서적을 보라는 단서와 함께. 조사한 내용의 차이는 학생의 노력에 달렸다. 프로젝트 숙제도 마찬가지이다. 프로젝트의 주제는 더더구나 생각을 많이 하게끔 내준다. 수업에서 배운 것에다 학생 자신이 따로 참고 서적을 찾아 내용을 보완하고 이해한 다음, 나름의 체계를 만들어 작성해야 한다. 주제에 관한 지식은 학생들 간에 어차피 비슷하니, 같은 내용을 다른 각도에서 의문해보고 생각하는 지적 훈련이 되도록 하는 것이다.

가령, 희대의 음모를 꾸미다가 발각된 역적들에 대한 8학년 역사 과목 프로젝트라 하자. 이 나라 학생이라면, 영국인 누구나 아는 그 스토리를 쭉 나열하여 서술하는 식으로 하지는 않을 것이다. 큰아이가 하는 것을 엿보니, 자신이 탐정이라도 된 듯 사건 전모를 파헤치고 진실을 추적하는 식으로 논술해간다. 색다른 관점의 문제를 스스로 제기하고는, 자신이 알고 있는 역사적 지식을 총동원하되 이리저리 뒤집어보며 생각하고 에세이를 쓰면서 가장 타당한 결론에 도달하려 한다. 영국 아이들이 이렇게 공부한다. 어떤 공부든 지성을 단련시킨다. 잠깐, 위의 역사 프로젝트에 대한 담당 교사의 평가를 보자.

| 연대순 사건 이해 | 우수함 |

사건, 인물, 변화에 대한 지식과 이해	사건 조사와 설명 잘함
역사적 해석	자신의 지식과 분석 있음
사건에 대한 접근 방식과 탐색	독자적인 탐구가 엿보임
(에세이) 구성력과 전달 능력	두 파트를 합치면 더 효과적일 것임
8학년 수준의 컴퓨터 사용 능력	스캐닝, 워드 아트, 워드 프로세싱
서술 능력	우수함

학년이 올라갈수록 복습을 위한 숙제가 많다. 그러니 숙제가 곧 공부를 뜻한다. 복습이 되게끔 교사가 연습문제를 마련해서 준다. 한국에 비하면, 학생의 부담은 적고 교사의 학습 업무량은 훨씬 많다. 그만큼 교사는 시간과 힘을 잡무에 쓰지 않고 학습 지도에 집중하며 또 그리하도록 교육 여건과 제도가 구비되어 있다. 학교가 교육의 전부다. 이런 시스템이니, 사교육이나 학원이 설 자리가 어디 있겠는가.

8학년이 되면 숙제가 대폭 늘어나고, 학교는 학생이 숙제 하는 상황을 일일이 점검해서 학부모에게 편지로 알리고 협조를 요청한다. 숙제 하나하나에 대한 평가를 모아서 학년말 학습 보고서에 기록한다.

큰아이는 4시 반쯤 집에 와서는 옷을 갈아입으면서 곧장 컴

퓨터로 간다. 저녁 먹기 전까지 철썩 붙어 있다가, 식후에 그때까지 신발 옆에 던져 놓은 책가방을 부리나케 들고 올라가서는 숙제에 골몰한다. 이번 학년에는 공부를 열심히 해보리라고 마음먹었다는데 두고 볼 일이다. 거의 예외 없이 하루 한 과목은 숙제를 낸다니 8학년부터는 제대로 공부를 시키는 것이다. 숙제하고도 남는 시간에는 동생과 놀다가 잠자리에서는 책을 읽는다. 그러면서도 아이의 관심은 럭비 팀에서 떠날 줄 모른다. 학교 행사에도 빠지지 않는다. 어쨌거나 학교가 아이들이 좋아하는 것을 자유롭게 하게 하면서 공부를 제대로 시켜서 학교생활이 즐겁도록 해주니 더 할말이 없다. 8학년에서는 7학년부터 하던 라틴어와 -일반 학교에서는 정규 과목에 포함되지 않는다- 불어에다 독어도 첨가해서 배운다. 계속 배우다가 11학년 시험 때에 선택하나보다. 화학을 새로 배우는데 기구가 잘 갖춰진 실험실에서 직접 실험하며 공부하니 재미있어한다.

일반 중등학교에서도 비슷하리라 여기는데, 그래머스쿨에서 전과목 시험은 1년에 한번 5, 6월에 치른다. 그 외 학업 평가는 과목마다 교사가 재량껏 주관한다. 수업 시간에 수시로 간단한 시험을 보게 해서 점검한다. 며칠 전에 예고해서 준비할 시간을 주고, 그 결과를 모두 기록해둔다. 시험 성적이 우수하거나, 숙제를 잘했거나 학업의 진보가 뚜렷하면 격려하는 뜻으로 '상' commendation을 주고 횟수를 기록한다. 1년 중 30번째 그 상을 받으면 동상, 60번 받으면 은상, 100번이면 금상, 150번이면 대상을

수여한다. 따라서 시험 부담이 과중하지 않다. 평소에 숙제를 충실히 하고 예고된 과목 시험을 분량만큼 복습하면 된다. 때마다 주어지는 부담스럽지 않은 학습을 성실히 하고 그게 쌓이면 좋은 결과가 되는 것이다.

학년말 시험에 대비해서 교사는 부활절 방학을 이용하라고 충고한다지만, 아이 말로는 이때 공부하는 친구는 없다고 한다. 이 아이들의 생리로 봐서는 그럴 것 같다. 교사가 시험을 준비시키는 것도 그렇다. 시험 2주일 전부터 과목 선생님은 중요한 부분을 짚어주고 수업 시간을 할애해주면서 공부하게 한다. 5일 동안 치르는 시험 시간표도 하루에 두 과목 시험에다 시험 전 한두 시간 준비할 수 있게 짠다. 매주 하는 '게임'도 생략하지 않고 시간표에 끼어 놓았다.

시험 기간인데도 집에서 도무지 공부하지 않는 아이를 보고 있기 민망해서 한국 아이들은 그러지 않는다고 했다. 그랬더니 얼마 전부터 수업 시간과 쉬는 시간 틈틈이 복습을 했고 또 선생님이 시험 친다고 힘드니 집에서는 편히 쉬라고 했단다. 그러면서 덧붙이는 말이 "한국 아이들은 프리덤freedom을 몰라요!"이다. 아이의 논리로는, 자율과 자유를 모르고서 많이 하는 공부는 인생에 득이 되지 않는단다. Waste of time and waste of life! 영국 땅에는 이 프리덤 미네랄이 얼마나 풍성한지, 3학년 작은아이도 그 영양분이 넘치나 보다. "왜 엄마가 나에게 해야 한다고 하는 것을 내가 해야 되나요?"라고 영어로 또박또박 묻는다.

그야말로 자율주의

여기까지 읽어오면, 독자들은 영국인의 사고방식과 가치관이 우리와 많이 다름을 알게 되리라 여긴다. 이들은 마치 유전인자를 타고나듯 개개인의 자율성과 독자성에 대한 신념이 체질화되어 있다. 빅토리아시대 영국을 이해하는 하나의 핵심 개념이 '참여 자율주의'Voluntaryism일 정도로 시민이 자율적으로 또 협력해서 지역사회를 꾸리고 운영했다. 그래서 20세기에 공무원이 늘고 많은 일을 하게 되었어도 정부는 언제나 국민에게 '지시형'으로 말하지 않고 국민이 납득하게끔 구구절절이 설명하고 설득해서 동의를 얻어내는 방식으로 정책을 추진한다. 이유가 타당하지 않거나 일방적으로 한다 싶으면 국민은 꿈쩍도 하지 않으려 하고, 개인 생활에 정부의 간섭이 파고드는 것을 아주 싫어한다.

예를 들어서, 환경보호가 끔찍한 이 나라에서 쓰레기 분리수거가 시행된 것은 불과 2년 전인 2000년도의 일이다. 집안일까지 감히 간섭하려 하다니, 뭐 그런 분위기였다. 공공 장소에 분리함을 설치하고 스스로 재활용품을 버려주기를 바라거나 집 밖에 둔 종이 정도를 가져가곤 했다. 2년 전에야 에섹스 지방정부는 뚜껑이 있는 플라스틱 상자를 슬그머니 집 앞에 갖다 놓음으로써 재활용품 수거를 공식화 했다. 쓰레기 봉투도 문 앞에 놔두고 간다.

시민 자율이라는 전통과 관습은 지금도 교육에 큰 힘을 보태

고 있다. 학부모와 교사, 그리고 지도급 시민으로 구성된 이사회는 재정 지원과 행정 보조뿐 아니라 학교생활 전반에 걸쳐 점검하고 도움을 준다. 초등학교 이사회는 소규모이나 중등학교는 규모나 조직 면에서 상당한 수준이다. 그래머스쿨의 이사회 활동을 예로 들면, 커리큘럼부, 학생 선발과 교원 인사부, 교사(건물) 관리부, 대외 활동부, 재정부, 행정 지원부 등으로 세분화되어 있고, 각 부서마다 여러 명의 학부모가 참여한다. 이사회의 활동 사항과 학력고사의 결과 분석, 수입과 지출 내역까지 자세하게 모든 부모에게 문서로 알려준다. 이처럼 학교 일에 깊이 관여하는 학부모들은 프로급 자원봉사자들이다. 시민의 협조로 학교가 빈틈없이 운영되고 높은 수준을 유지하는 것이다. 참으로 교사들은 가르치는 데 전념할 수 있겠다.

초등학교 일부와 중등학교 대부분이 학부모에게 기부를 부탁한다. 문서로 요청하는데 전혀 자발적인 것이다. 단순히 형편대로, 원하는 대로 봉투에 넣어 부친다. 그러면 고맙다는 확인증이 집으로 배달된다. 그래서 누가 얼마를 기부하는지 알 바 없다. 이사회 대표를 뽑을 때에도 후보자들이 쓴 자기 소개서를 모든 학부모에게 보낸다. 후보 중에 표시를 해서 학교로 부치면 된다. 학교 일을 돕는 것도 모두 자원해서 한다. 학급 반장도 자원자가 한단다.

중등학교도 초등학교와 마찬가지로 학용품까지 무상 제공하므로, 학부모의 기부금은 몽땅 학생의 복지와 더 나은 교육 장

비 마련을 위해 사용된다. 그래머스쿨 학부모는 1년에 얼마간 기부하고 –재력가는 많이 하겠지만– 사립학교에 가까운 교육 여건을 아이에게 베풀어주는 셈이다. 자기 자식만 생각하기보다는 많이 보탤수록 학교 공동체와 모든 아이들에게 혜택이 돌아감을 알고 이를 만족스럽게 여기기 때문에 자발적 기부제가 지속되고 효력을 발휘한다. 앞서 인용한 '가을장'에 관한 소식지의 한 구절을 다시 적어본다. "우리가 노력한 만큼 모든 학생이 혜택을 받습니다."

학년말에는 시상식을 하게 마련이다. 그래머스쿨에서는 상 받을 학생과 그 부모만 참석하는데, 7학년 우리 아이는 포함되지 못했기에 그 광경을 자세히 전할 수 없게 되었다. 시상식에 참석한 경험이 있는 학부모의 말로는, 7~11학년은 전체 학과목 성적이 우수한 학생을 반에서 2명씩 뽑아 상을 준다고 한다. 7, 8학년은 각기 3학급이니 6명이고, 9~11학년은 4학급씩이니 –9학년 때 시험으로 편입생을 8명 뽑아서 4학급으로 만든다– 8명이 우등상을 받는다. 12, 13학년은 각 학과목마다 학년 전체에서 최우수 학생 1명씩 총 16명에게 시상한다. 예체능 분야에서 뛰어나거나 학교에 공헌한 학생 여러 명도 수상한다고 한다.

하지만 누가 상을 받았는지는 시상식 참석자들만 안다. 수상자들도 자기가 상 받았네 하고 표시 내지 않아서 정녕 알기 어렵다. 예체능이나 다른 분야에 뛰어난 학생, 심지어 기악 등급 시험 합격자는 학교 통신문에 버젓이 실어주면서 우등생을 이렇게 못

본 척하다니. 그건 오직 수상자 자신의 성취일 뿐이지 두루 알릴 만한 것은 못 되는가 보다. 그러니 누가 명문 대학을 갔든지 사람들은 별 신경 쓰지 않으며, 그들을 우대하거나 그 부모들이 성공했다는 사고방식은 확실히 딴 나라 얘기다. 인생에 많은 축하할 일 중의 하나일 뿐이다. 부모들이야 어찌 아니 기쁠까. 그러나 같은 수상자들끼리 기쁨을 나누는 이상으로 번지지는 않는다. 그리고 시상식 때 졸업생 중 유명 인사를 초청해서 연설을 듣고, 끝에는 언제나처럼 소박한 다과회를 갖는다고 한다.

부록

초등학생 학습 보고서
중등학생 학습 보고서
과제 공책과 일지, 선생님 코멘트
깊이 있고 폭 넓은 주제공부가 가능하다
주제공부 책 만들기
'로마인' 토픽 북
'2차 대전' 토픽 북
중등 과정(11~14살) 역사 참고서

위 사항은 모두 사례이다.

초등학생 학습 보고서 (1학년용, p 75~78의 원본)

ANNUAL REPORT TO PARENTS

PUPIL'S NAME James Bonde	D.o.B 14-12-92 CLASS 1 (1학년)		
Language and Literacy	James is always very attentive in all speaking and listening activities. He is acquiring a wide vocabulary and can express himself confidently in a wide range of situations. James listens with excellent concentration to stories and instructions and can explain, without support, his work, ideas and views. James has worked really hard in reading and has made rapid progress in this area. He has a good sight vocabulary, can use picture, context and phonic cues with minimal support, and is able to discuss confidently whatever he is reading with enjoyment, interest and good comprehension. James's handwriting is excellent. He can form all letters correctly and is beginning to write in a cursive form. He writes independently, knows how to spell a lot of common words correctly, and is beginning to write for a range of purposes.	Personal and Social Development	is confident has matured throughout the year in Circle Time activities. He is always keen to join in and thinks carefully about his responses. He tries hard to understanding the feelings, situations, problems and what comes being discussed and makes interesting comments and observations. He plays cooperatively and imaginatively with everyone, but prefers the company of one or two close friends, but will always help and support others.
		Creative Development	is enjoying exercises on the control and use of various media. He still needs to rush his work, but now realises the importance of a careful approach to achieve a successful result. He can paint from memory, observation and imagination, work in 3D with dough, clay and recyclable materials, print from objects and images, and use mixed media to create effects, textures and forms. is taking part in music, sings and plays percussion instruments.
Mathematics	James can count, read, write and sequence numbers to 30 without support, and can use higher numbers with some help. He has made an excellent start in addition and subtraction and can use apparatus independently in this work. He knows all number bonds within 10 and is always very keen to attempt mental maths questions and problems, developing a good range of strategies for this work. James can construct repeating patterns and explain them clearly. He can identify simple 2D, and some 3D, shapes and is aware of their properties and qualities. He can use mathematical language accurately to explore size, position and quantity. He can sequence events in time correctly and is aware of hours and minutes, can order money by value and make amounts, without support, using 1p, 2p and 5p. James is advanced and talented in this subject, relishes mathematical challenges and quickly grasps new concepts.	Physical Development	it has very good coordination, body control and gross motor skills. He can use the large apparatus carefully and safely and understands the importance of warming up and by sensible P.E. He can perform skillfully small apparatus such as balls, bats and hockey sticks. When he enjoys team games as well as working independently and is naturally, quite competitive, but he must learn not to be too disappointed if he does not always win or succeed.
		General Comments	is has made a superb start in school. He works extremely hard at all areas and achieves very good results, often well above expectations for Reception. His enthusiasm and determination to do his best in everything is highly commendable. He is very self-motivated and responds enthusiastically to any challenges or tasks, either bring up work in his own home. He has made a wide range of friends throughout the school and is a mature and responsible boy, eager to work and school life. Working has been a real pleasure to teach and, I am sure, will continue to be so by his first class teachers with his excellent attitude, motivation and unshakeable abilities.
Knowledge and Understanding of the World	James has made a very good start to all science work. He can make accurate predictions based upon observations and can explain what he is doing and why, using previous experiences to support his ideas. He has investigated floating and sinking, heating and cooling, the properties and nature of various materials, growth and change, and ourselves. James can use geographical vocabulary correctly, draw simple maps to convey journeys, give and understand basic directions, and knows where he lives. James can sequence events accurately, describe changes over time and differences between the present and past. In I.T. James can use the computer very competently and independently with both the mouse and keyboard, to access a range of programs and develop his word processing skills.	Targets for next year	needs to continue to develop cursive handwriting to use to be developed and apparently well in written work. to advance to extend his knowledge of numbers and mathematical operations, including multiplication and division. To carry on developing his reading skills, improving his sight vocabulary, strategies for decoding, comprehension skills and working towards silent and group reading.
		Headmaster's Comments	Well done James you have made an excellent start to school. Keep it up. J. Hudson
		Signed	Class Teacher's Date 7-7-98

Language and Literacy

Mathematics

Knowledge and Understanding of the World

Personal and Social Development

Creative Development

Physical Development

General Comments

Targets for next year

Headmaster's Comments

Signed

중등학생 학습 보고서

C D E F Secondary School

Summer Term Report   Music 음악

Harry Potta   7C

The music course aims to develop all pupil's knowledge, understanding and enjoyment of music trough a range of activities based on Performing, Composing, Listening and Appraising.

Pupils have the opportunity to perform on a range of instruments in different groups and in whole class performances to develop their individual instrumental skills, their ensemble skills and their vocal skills.

Pupils have also had the opportunity to use their own instruments for classroom performances and skills such as performing by ear, from memory, from notation and developing an awareness of style and sensitivity to others when performing have been encouraged.

Pupils have had the opportunity to develop their musical imagination, inventiveness and creativity through improvising, arranging and composing music in a variety of styles.

Pupils have listened wide variety of music from different times and places. They have been given the opportunity to develop musical vocabulary and therefore to critically appraise and describe music, demonstrating an awareness of its purpose and style.

Throughout all these areas of study aural perception, musical notation and presentation of both practical and written work form a progressive link.

Year 7 programme of work has included: Ostinato, Riffs, Chords, Orchestral Music, Rhythmic and Melodic notation and composition.

Effort A   **Attainment A**   **Exam 89%**

Harry is an able musician who gave a first rate performance in the practical section of the examination. During the year he has played an active and usually a directing role in group composition and performance work where he has drawn on his sound keyboard skills. He should be aiming high in all aspects of Music, both written and practical, and should ensure that he listens carefully to instructions so as to complete work to the highest standard

7학년 학습 보고서의 일부이다. **노력 점수**를 기록하고 우선적으로 다루는 점이 주목된다. 평소 학업 수행 정도와 과제를 성실히 하는지 여부를 교사가 일일이 기록해 둔다는 뜻이다.

과제 공책과 일지, 선생님 코멘트

Unusual
Challenging
More effort

선생님은 아이가 남다른 개성과 특특함을 나타내는 것을,
새로운 시도를 하는 것을, 자기 역량을 다 끌어내는 것을 정말 좋아하고 장려한다.

This really was a superb effort.
It is a very unusual shape.
Well done.

This is a very complicated & challenging game. The rules are very explicit and easy to follow.
Did you work out the answers yourself? Because it is good maths!!

I am glad to see that you are putting in more effort into school homework. It IS important.
I have borrowed your sheet for a display.

선생님은 과제를 발표하게 하고 발표가 나아지도록 꾸준히 지도한다.

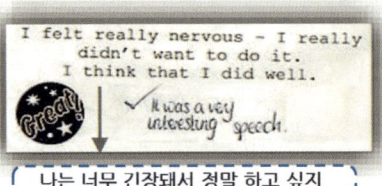

나는 너무 긴장돼서 정말 하고 싶지 않았다. 그래도 잘 한 것 같다.

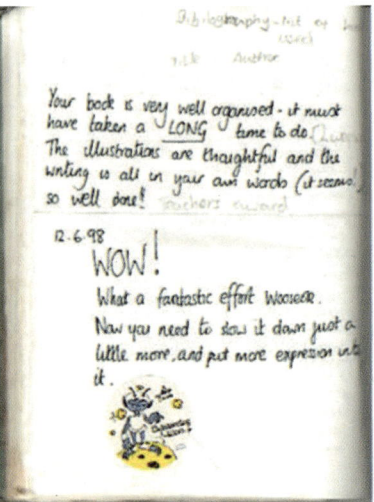

자신감 생겼네. 좀 더 천천히.

정말 나아졌다. 천천히 잘 했다. 자신감 있었어.

훨씬 안정됐다. 소리가 일정하고 분명해졌어.

스피치가 논리적이고 내용이 충실하다. 지난번보다 100퍼센트 낫다. 목소리가 더욱 또렷하고 안정됐다. (그래도 좀 더 천천히 해야겠어!) 잘 했다.

부록

깊이 있고 폭 넓은 주제공부가 가능하다

'흑사병' 토픽 북 표지, 한 쪽 [4~5학년, 참고 도서를 이용해 자세히 배운다.]

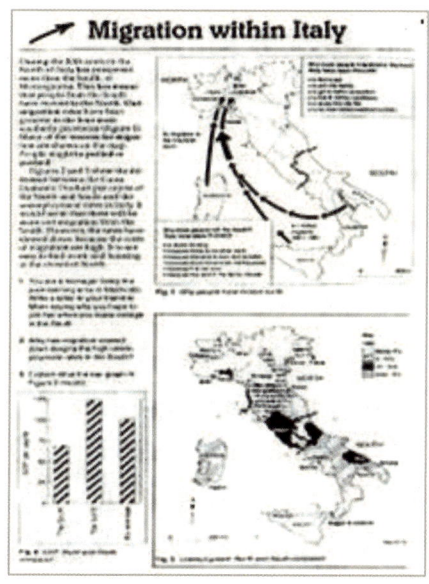

8학년 지리 수업에서
'이탈리아의 국내 인구 이동'에 관한
학습의 한 부분이다.
선생님은 이런 참고 자료를 많이 나눠준다.
문제 중 하나를 옮겨 보자.

자신이 빈농 지역인 바실리카에 살고 있는
10대 소년으로 가정하고,
밀란 부유한 지역에 사는 여자 친구에게
편지를 쓴다고 상상해 보라.
장차 남부에 있는 대학을 졸업한 뒤
그 친구가 있는 지역으로 가고 싶어하는데
왜 그런지 이유를 담고 있는 편지를 써라.

주제공부 책 만들기 (4~6학년)

'튜더시대' 토픽 북
표지, 한 쪽

아이마다 자기 책의 표지 그림과 디자인이 다르다. 표지는 주로 손으로 그리지만 컴퓨터 학습으로 프린터 한 그림을 붙이기도 한다. 책의 내용도 약간씩 차이가 있고, 선생님이 나눠주는 그림 자료 이외에는 덧붙여 그린 그림도 각양각색이다.

책에서 이 그림 위에는 다음 설명이 적혀 있다.
"헨리 8세가 평생 먹은 것 : 소 1240 마리, 양 8200 마리, 사슴 2300 마리, 송아지 760 마리, 돼지 1870 마리, 멧돼지 53 마리 (물고기와 가금류는 제외하고도.)"

부록

토픽 북 만들기 (4~6학년)

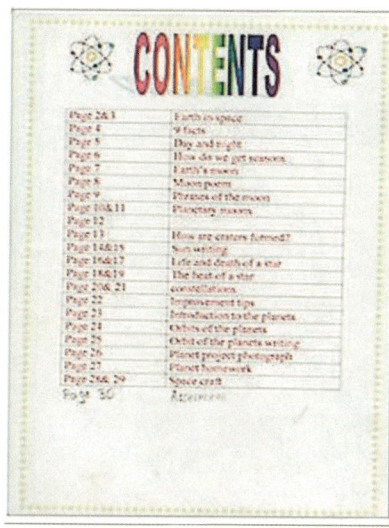

'태양계' 토픽 북 차례

우주에서 지구의 환경
9가지 사실
낮과 밤
계절은 어떻게 생기나?
지구의 달
달의 시poem
달의 변화
행성들
분화구는 어떻게 생기나?
태양에 관하여
별의 탄생과 소멸

별의 열기
별자리
주제공부 팁
(선생님 중간 점검)
9 행성 소개
행성들의 궤도
행성들의 궤도 작성
그룹 프로젝트
행성 과제
우주 비행체
(스스로) 평가

우리는 태양계의 행성 하나를 택해서 조사하여 책을 만들고 그 행성의 모델을 만들어야 했다. 이것은 나의 과제물이다.

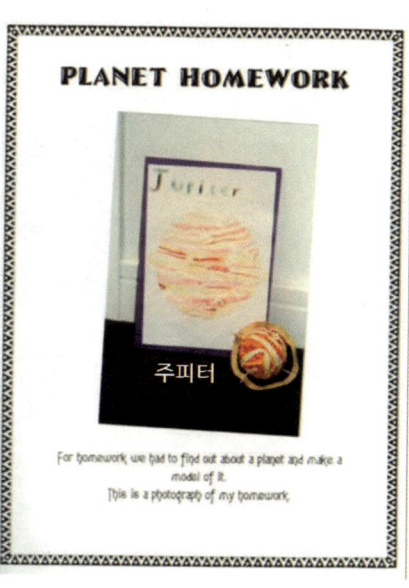

로마제국의 영토

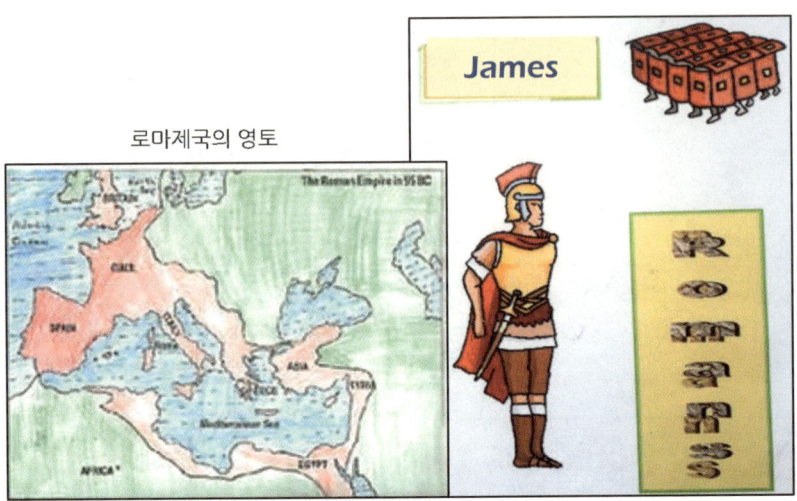

'로마인' 토픽 북 표지
[5학년, 책 전체를 옮긴다.]

연대

부록

이케니족 여왕 부디커

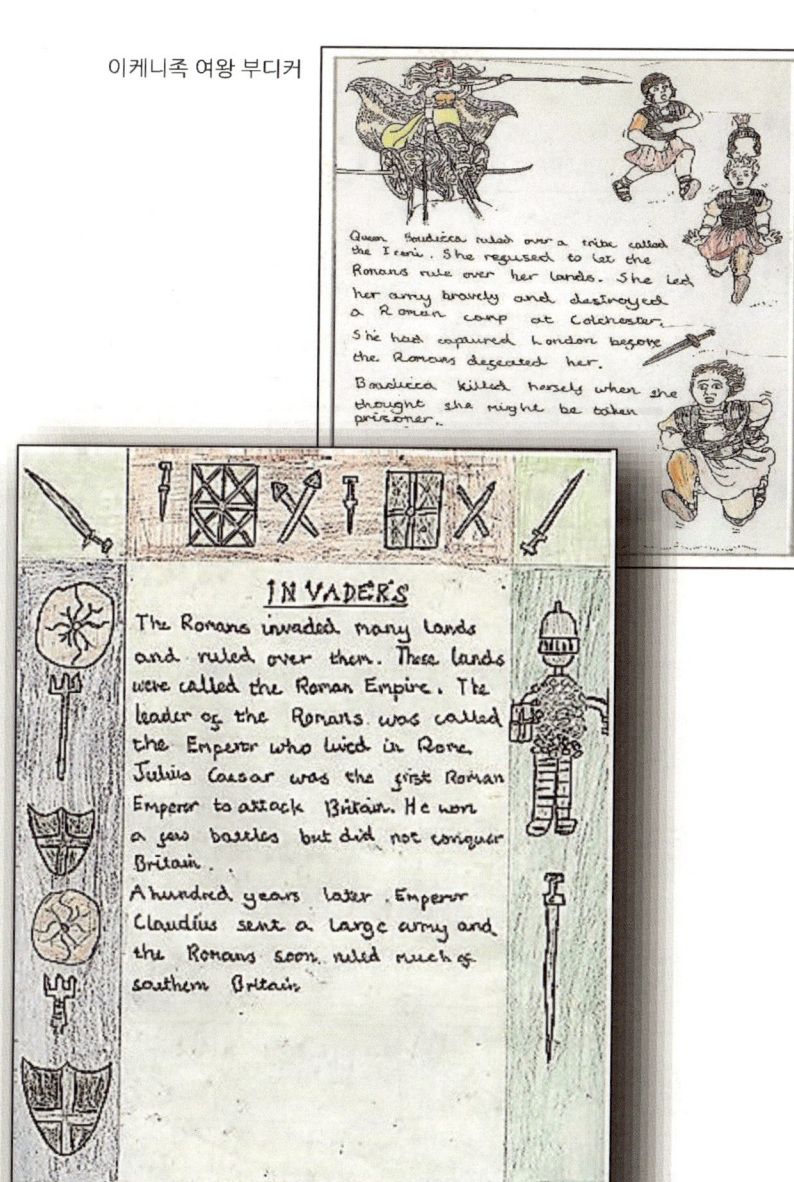

침략자들

로마 군인   로마의 7언덕

로마 군인의 생활

부록

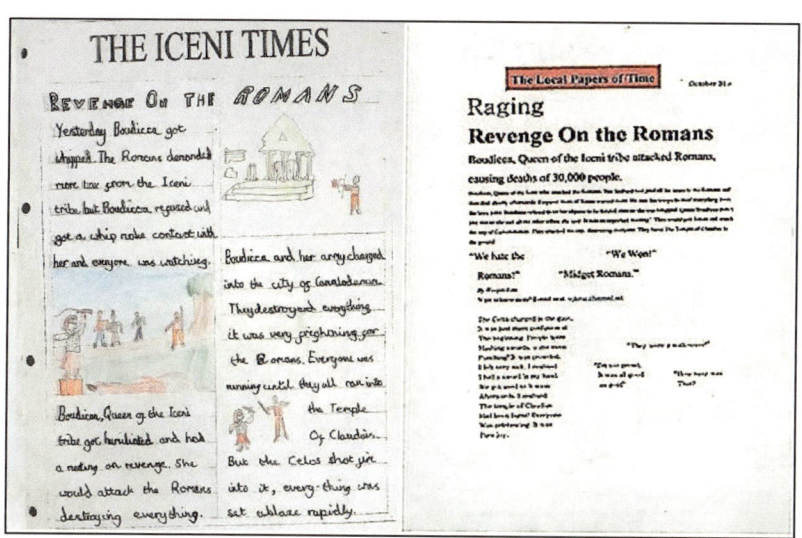

이케니족, 로마인에게 복수   부디커 여왕의 저항

켈트인 원주민의 반감   로마 유물 (발굴 상상, 조각 맞추기)

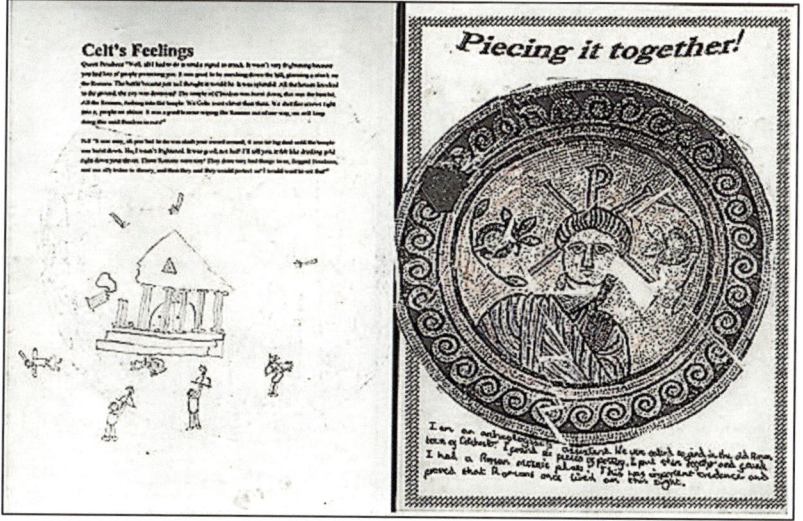

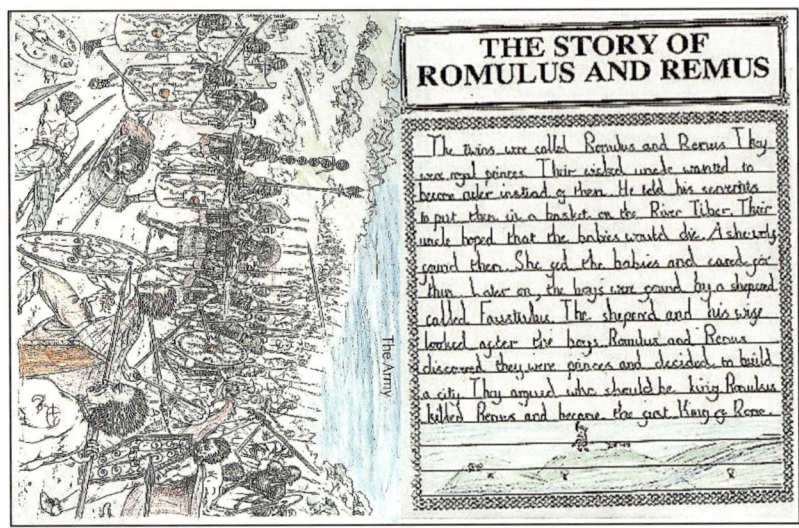

로마군과 원주민의 전투   로물루스 스토리

폼페이

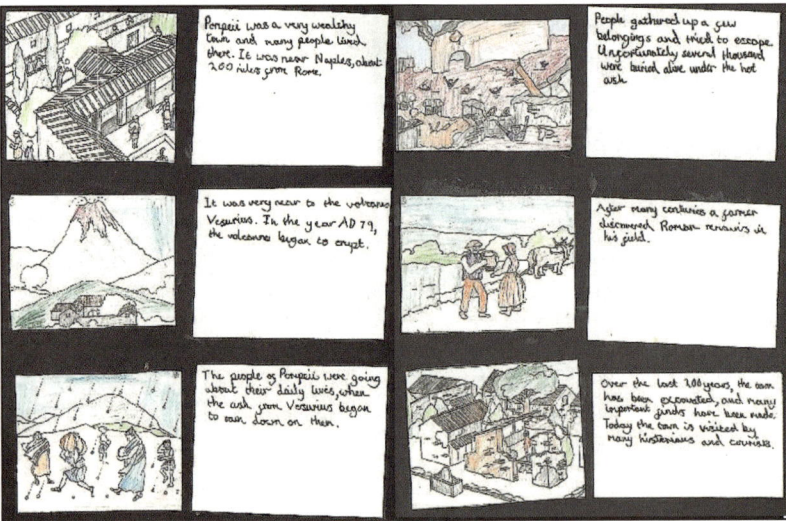

부록

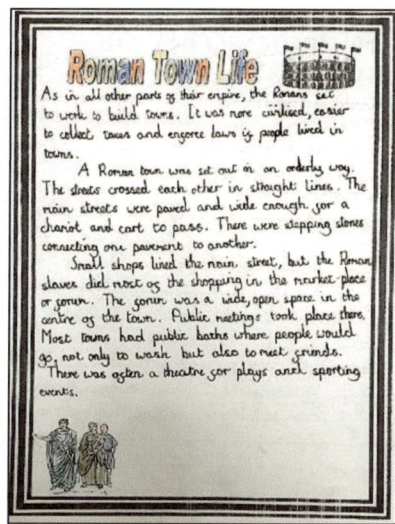
로마인의 도시 생활

브리튼의 로마인들, 쇼핑하기

로마 빌라   공중 목욕탕

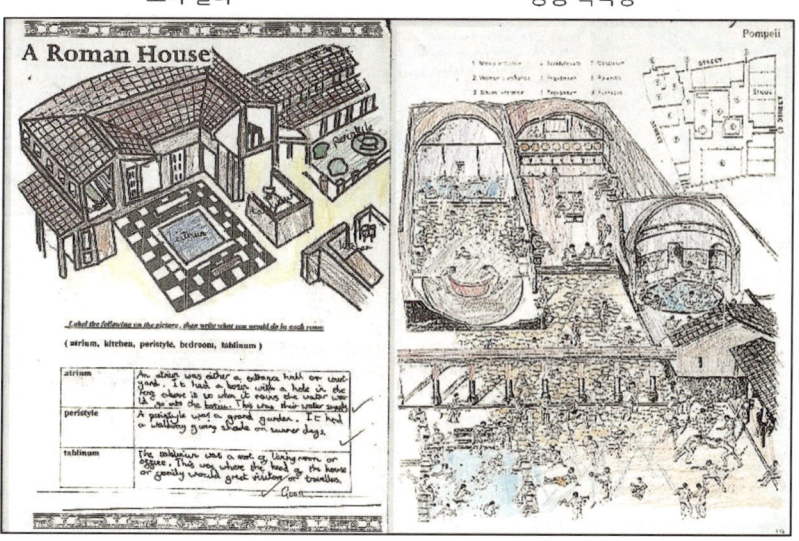

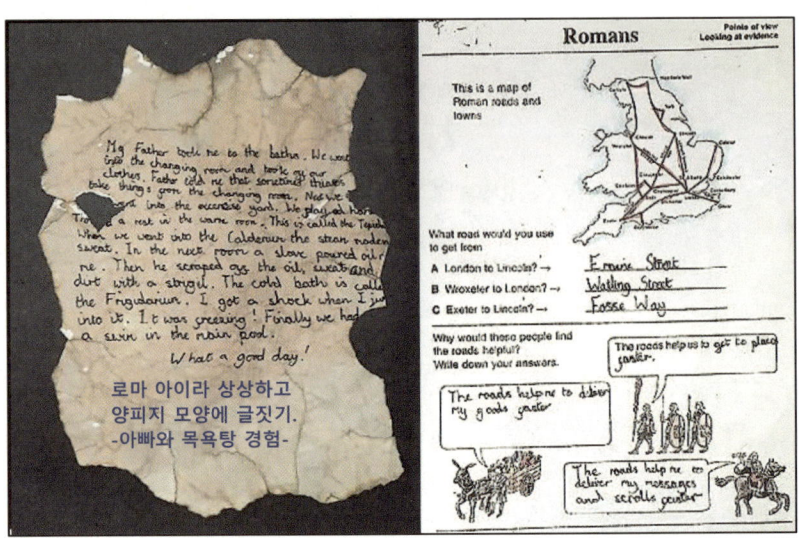

로마 양피지 모사   로마인이 만든 도로

로마인이 건설한 타운과 도로   AD 410 로마군대 브리튼을 떠남

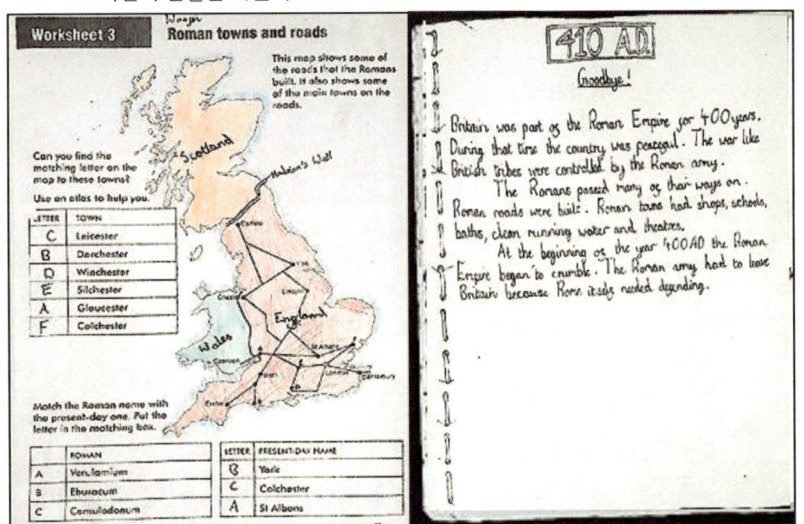

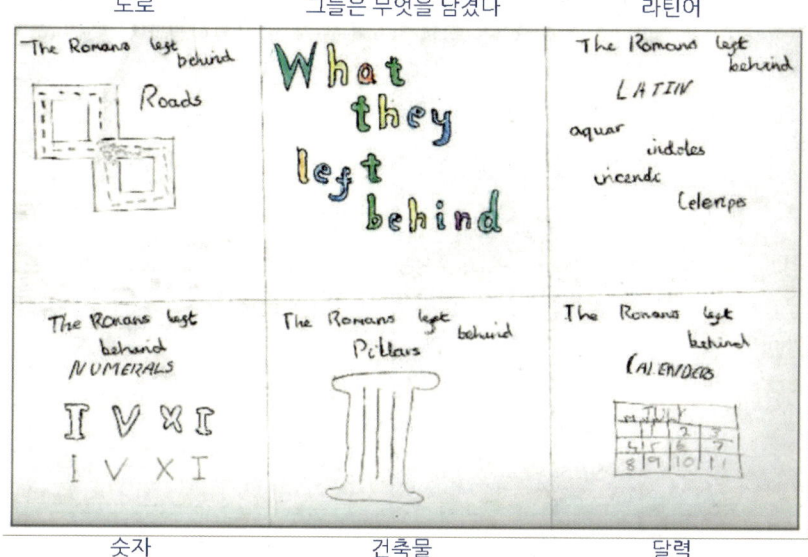

이 '로마인' 토픽 북은
초등학생에게 자기 역사를 가르치는 방식을 보여준다.

- 로마인은 침략자였다.
- 그들은 오랫동안 (AD 43년부터 약 400년) 브리튼을 지배했다.
- 로마인은 브리튼에 매우 큰 영향을 끼쳤다.
- 로마인의 침략과 지배의 역사는
  영국의 역사와 문화의 중요한 일부이다.

사실을 객관적으로 다루되,
최대한 당시 상황에 가까이 접근하도록 인도한다.
초등학생에게 가르치는 역사는
역사학자들 사이에서 이론의 여지가 없는, 일치를 본 내용이다.

초등학교에서 자기 역사에 비중을 두고 가르치는 것을 보면
그들이 국민 공감대의 기초, 올바른 인식의 기초를 다지는 일을
중히 여기고 정성스럽게 하는 것을 알 수 있다.

'2차 대전' 토픽 북 표지　　　　2차 대전 당시 유럽 나라들
[6학년, 책 전체를 옮긴다.]

전쟁은 어떻게 시작되었나　　　　9월 24일, 수요일

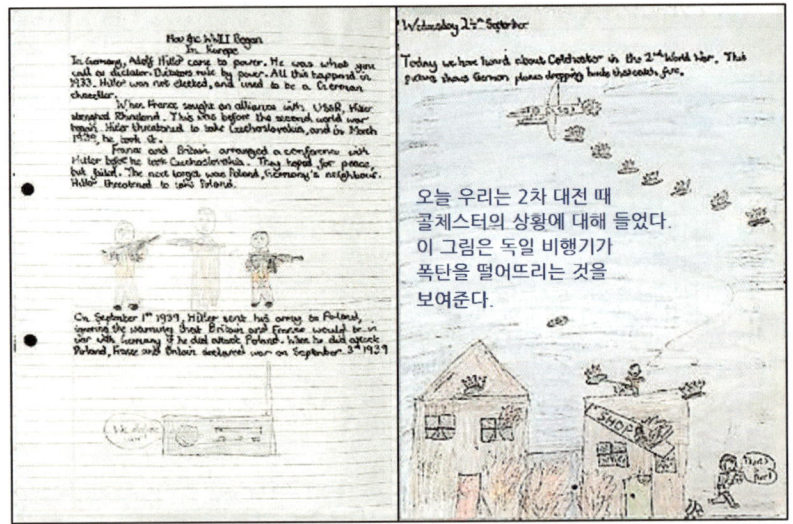

오늘 우리는 2차 대전 때
콜체스터의 상황에 대해 들었다.
이 그림은 독일 비행기가
폭탄을 떨어뜨리는 것을
보여준다.

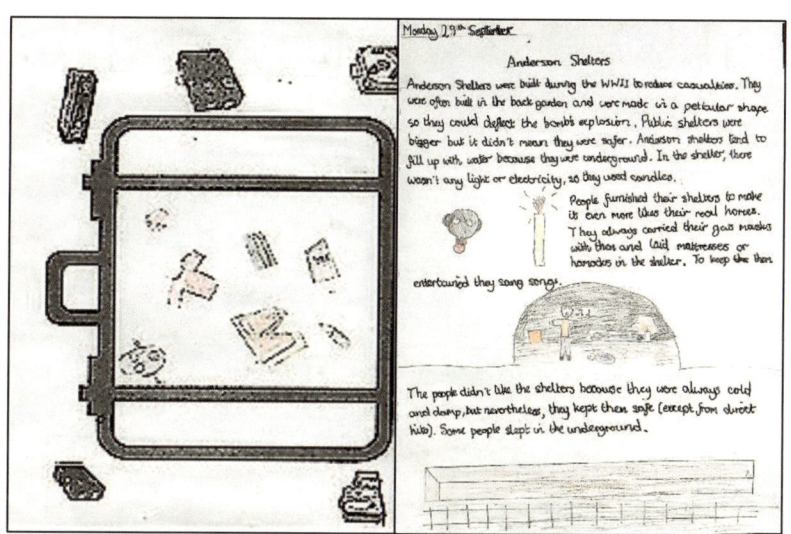

| 대피소 갈 때 챙길 물건과 가방 | 9월 29일 월요일, 앤더슨 대피소 |

앤더슨 대피소 (어떻게 지어졌을까)　　앤더슨 대피소 짓는 법

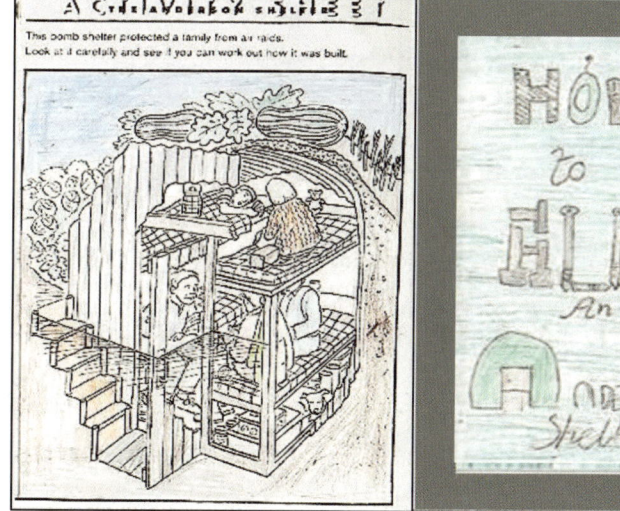

책 속의 책
'대피소 짓는 법'

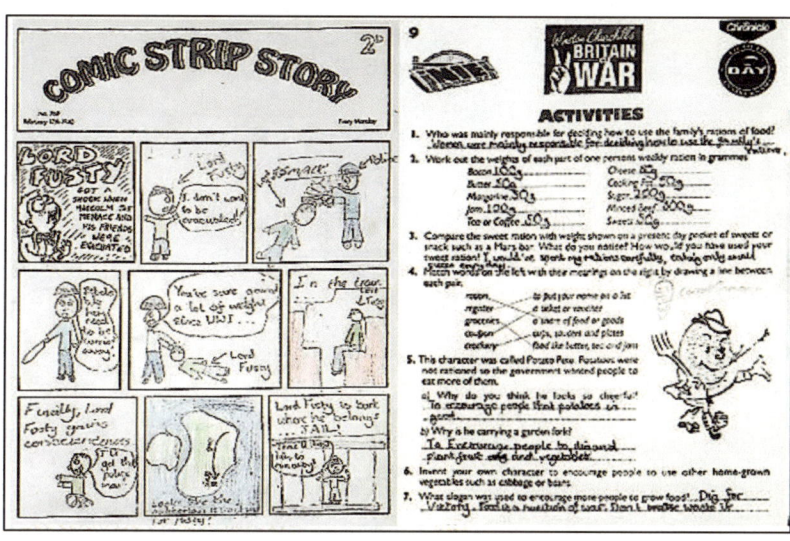

친구들이 피난 갔다는 소식에 충격! 그 다음 스토리를 만화로, 재미있게.

윈스턴 처칠의 전시 식생활 지도안

당근 캠 (나를 드세요. 건강 챙기세요!)

11월 10일 월요일, 안젤라 스토리

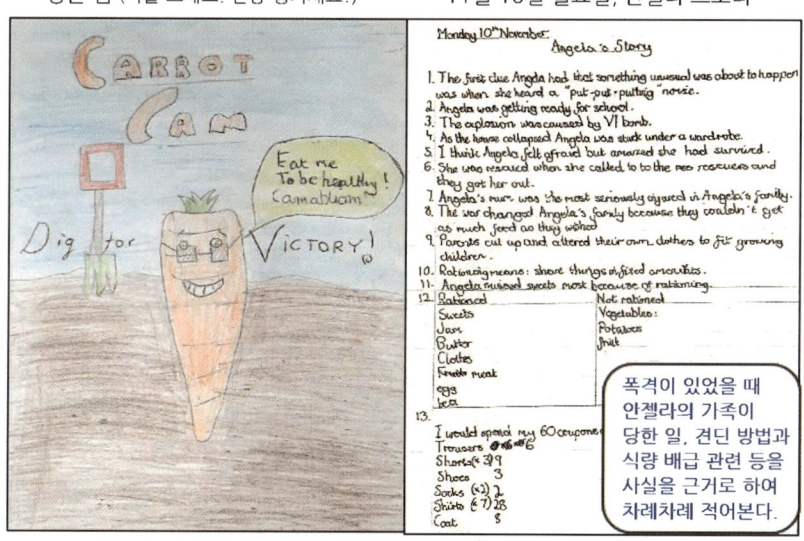

폭격이 있었을 때 안젤라의 가족이 당한 일, 견딘 방법과 식량 배급 관련 등을 사실을 근거로 하여 차례차례 적어본다.

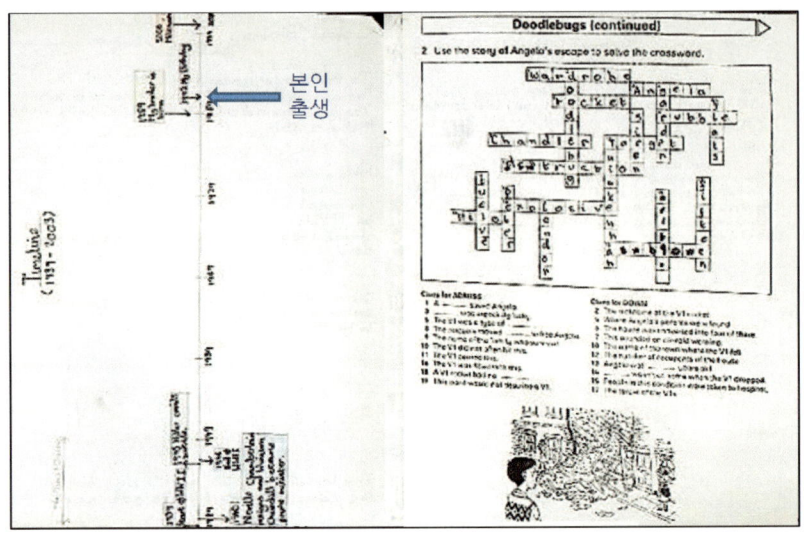

연대 (1939~2003)
[과거와 자신을 연결시킨다.]

안젤라의 대피 이야기로
단어 퍼즐 맞추기

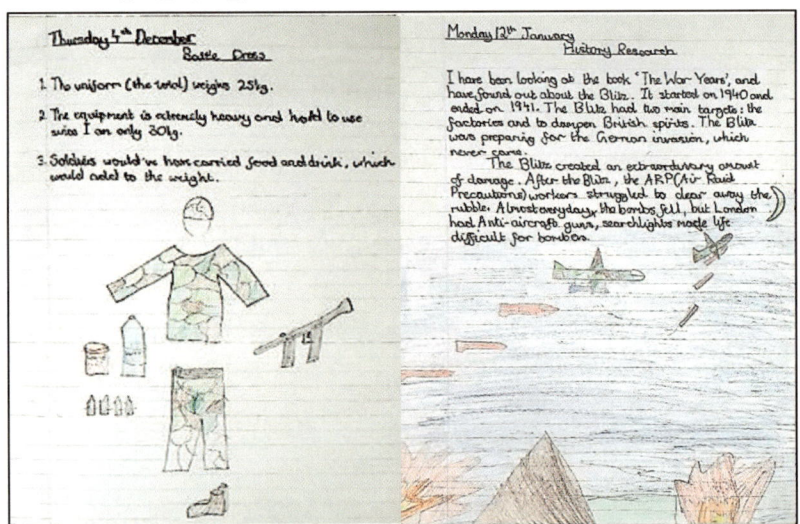

12월 4일 목요일, 전투복

1월 12일 월요일, 역사 리서치 '대공습'

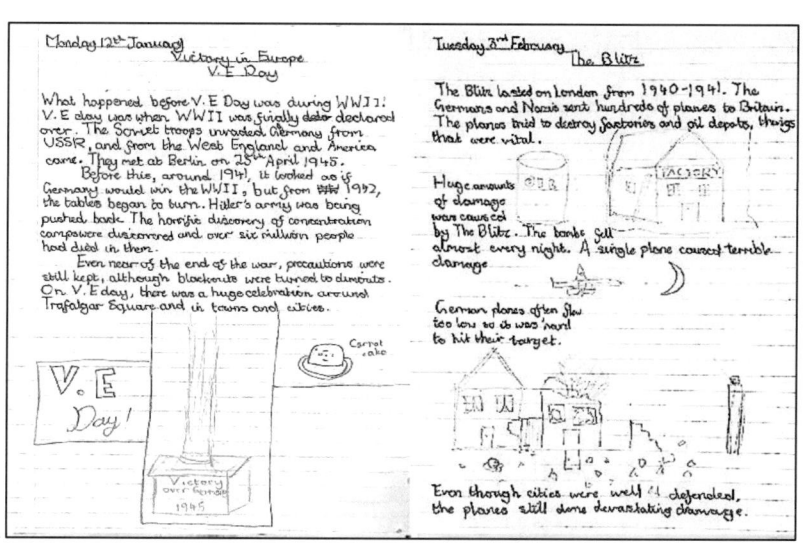

1월 12일 월요일
승전, 전승 기념일

2월 3일 화요일, 대공습
[1월 12일 리서치의 보충인 것 같다.]

중등교육 Key Stage 3 (11~14살)
역사 참고서의 한 부분

> **자신의 생각을 분명하고 설득력 있게 표현함이 매우 중요하다.**
> 꼭 기억할 것은,
> **자신의 아이디어를 입증하는 것과**
> **자신이 생각하는 바를 그냥 쓰는 것은 다르다는 점이다.**
>
> 답안을 충분히 작성하기 위해서는 다음 세 가지가 요구된다.
> 1) 자신의 견해를 충분히 **설명한다**.   *Explain*
> 2) 자신의 견해의 타당성을 충분히 **논한다**.   *Justify*
> 3) 다른 견해들을 충분히 **검토하고 고려한다**. *Evaluate*

- p 43에서 -

중, 고등 교육 과정에서

대부분의 교과목 교사는 학생에게

해당 주제에 관한 직접적인 자료와,

다양한, 대립되는, 관점의 자료를 제공한다.

그래서 학생은

여러 자료를 다루는 방법과,

자료와 관련 지식을 재료로 삼아

그 주제에 대한 자신의 아이디어를 정립하는 방법을 배운다.

이것이 그들의 공부다.

의회 개혁, 1832

그림 1의 선거구는 하원의원(MPs)의 지역구이다. 1832년에 각 주카운티의 의원은 2명이었다. 의원 선출권이 있는 선거구 대부분은 남부 농업지역에 있었다.(발췌문 A) 어떤 '부패' 선거구에서는 대지주가 그저 두 명을 지명하면 의원이 되었다…

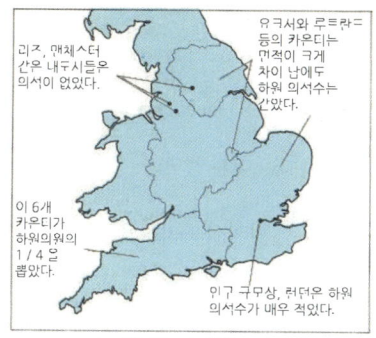

개혁가들은 신진 산업도시들도 의원 선출권을 갖기를 원했다. 이것은 의석 재분배를 의미했다.(그림 3)

주 선거에서 참정권, 혹은 투표할 권리는 단순했다. 기존 선거구에 투표권이 많이 분배되어서, 지금 보면 터무니없다. (발췌문 B)

…… (발췌문 E)

1. 의회 대표권, 1830

2. 토리파를 몰아내는 휘그파와 국왕

1831-2: 두 법안이 의회에서 부결되었다. 상원이 세 번째 법안에 반대했을 때, 국왕은 그것을 밀어붙일 100명의 새 귀족을 뽑는 것에 동의했다. 상원에서 그 법안은 통과되었고 1832년 6월 7일에 입법화 되었다.

선거구에서, 56개 소도시가 상하원 의원 한 명씩 잃었고, 31개 소도시가 의원 2명 중 한 명을 잃었다. 22개 의석이 중소 산업도시로 옮아갔고 22개 중대 도시가 두 의석을 확보했다. 여분의 의석은 인구 밀집 카운티, 아일랜드, 스코틀랜드에 주어졌다. 선거구의 투표권은 단순해졌다. 연 10파운드 금액의 집 소유자나 세입자인 남성 세대주는 투표할 권리를 갖게 되었다. 카운티 선거권은 모가 큰 농장의 임차인에게까지 확대되었다.

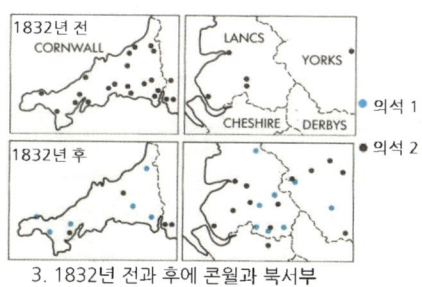

[개정법의] 단기간의 결과는 발췌문 F와 그림 3에서 볼 수 있다. 장차 사람들은 이런 질문을 할 것 같다. 왜 재산이 적은 사람들, 혹은 정말이지 모든 성인 남성 혹은 여성에게 투표권이 주어지지 않았는가라고.

3. 1832년 전과 후에 콘월과 북서부 산업지역의 의석 배분

발췌문 A
지주(地主)가 다른 사람 보다 더 중요하다, 1793

토지의 이익을 가장 중요시 해야 한다는 데 모두가 동의할 것이라고 생각한다.
(미래 리버풀 상원, 하원에서, 1793. 5. 6)

발췌문 B
선거권 자격의 다양성, 1793

어떤 지역에서는 투표권을 30 혹은 40명의 특정인에게만 주는 반면, 만 명에게나 주는 곳도 있다. 자유농, 시민세 납부자, 신분 낮은 세대주 등은 일부 선거구에서 투표권을 행사한다. 오랫동안 버려둔 땅 한 뙈기만 있어도 투표권을 주는 곳도 있다.
(서민의 친우회, 1793. 2)

발췌문 C
이것은 새 시대다, 1831

우리는 영주의 시대에 살지 않는다; 우리는 리즈, 브래드포드, 핼리팩스, 허더스필드 시대에 산다.
(헨리 브로암, 지도적 휘그 의원)

발췌문 D
산업계의 부는 토지의 부만큼 중요하다, 1830

귀족의 이익은 의회에서 잘 옹호된다. 그러나 국가의 부와 힘의 원천인 무역과 산업의 이익을 대변할 길이 없다.
(버밍엄 정치 연맹, 1830)

발췌문 E
개혁 아니면 혁명, 1831. 3

역사는 지금 영국에서 일어나고 있는 것과 비슷한 원인 때문에 발생한 혁명들로 가득 차있다. 평범한 사람들이 일어나 이 체제 안에서 자기 자리를 요구한다. 주어진다면, 모두들 좋다. 만약 거부된다면, 한 계급의 젊은 에너지와 오래된 특권 계층 사이의 투쟁이 발생한다. 중간계급이 귀족과 옛 유물의 소유자들에 대항해 싸우고 있는 그런 투쟁이다.
(T.B. 머콜리, 하원에서, 1831. 3. 2)

발췌문 F
바쓰의 선거- 개정법 전과 후

1812년 10월 우리의 두 의원이 10명의 시 의원과 20명의 주 의원에 이해 재선되었다.

1833년 1월 바쓰: 인구 389,063명; 10파운드 선거권자: 7,314명
(바쓰 헤럴드 1812.10; 주간 파송 1833.1)

발췌문 G
그것은 노동계급에게는 아무 것도 아니었다.

개혁에 대한 노동계급의 열렬한 지지에도 불구하고, 개정법은 노동계급에게 아무런 혜택을 주지 못했다는 말은 지당하다. 공장 노동자보다 공장주가 더 이익을 봤다. 새 유권자가 겨우 40만 명 더해졌을 뿐이다… 지주 계층은 산업 및 상업 계층과 권력을 조금만 나눴을 뿐이다.
(*1700 이후의 영국, R. J. 쿠츠, 1968*)

Now test yourself

Knowledge and understanding
지식과 이해

1. 다음의 요인들이 어떻게 1832 선거법의 통과를 이끌었는가:
산업혁명; 중간계급의 성장; 정치적 연합체; 1830년 선거에서 휘그당의 승리.
그 외 다른 요인이 있는가?

2. 1832 개정 선거법이 a) 단기적 b) 장기적으로 어떤 변화를 가져왔는가?

Using the sources
사료 사용

1. a) 개혁의 반대자들 b) 개혁을 원한 사람들, 각각을 지지하는 토론을 하려면 발췌문들을 어떻게 사용할 수 있나?

2. 개정 선거법이 선거제도에 미친 영향을 보여주는 데 그림 1과 3은 유용한가?
이 자료들의 정확성을 어떻게 검토할 수 있나?